Susanna Mandorf

Organisationsstrukturen von Erfolgsfaktoren im E-Busine

Ein Beitrag zur Reihe "Strategisches Management"

Susanna Mandorf

# Organisationsstrukturen von Erfolgsfaktoren im E-Business

**Ein Beitrag zur Reihe "Strategisches Management"**

GRIN Verlag

Bibliografische Information der Deutschen Nationalbibliothek: Die Deutsche Bibliothek
verzeichnet diese Publikation in der Deutschen Nationalbibliografie; detaillierte bibliografische Daten sind im Internet über http://dnb.d-nb.de/ abrufbar.

1. Auflage 2011
Copyright © 2011 GRIN Verlag GmbH
http://www.grin.com
Druck und Bindung: Books on Demand GmbH, Norderstedt Germany
ISBN 978-3-640-98643-9

Fachbericht

<u>Reihe zum Strategischen Management</u>

# Organisationsstrukturen
# von Erfolgsfaktoren im E-Business

Fachgebiet:          Betriebswirtschaftslehre, Management & Controlling

Bericht:             August 2011

Veröffentlicht von:  Susanna Mandorf, PhD

# Abbildungsverzeichnis

# Inhaltsverzeichnis

# 1. Organisationsprinzipien in der Internetökonomie

Seit der Einführung des Internets hat die IT-gestützte **Vernetzung** von Unternehmen stark zugenommen. Aus diesem Grunde wird die Wirtschaft des Informationszeitalters vielfach als *Networked Economy, Digital Economy* oder eingedeutscht als *Internetökonomie* bezeichnet.[1]

Diese Form der Wirtschaft läuft nach ihren eigenen Regeln ab und erfordert von den teilnehmenden Unternehmen eine Anpassung ihrer Strategien, beispielsweise in den Bereichen Arbeitsteilung und Spezialisierung.[2]

Unter Verwendung der **strategischen Planung** kann ein Unternehmen seine ökonomische Zukunft aktiv mitgestalten.[3] Zu diesem Zweck benötigt es Informationen, welche als Grundlage für Prognosen dienen können. Diese Prognosedaten werden durch die ökonomische Umweltsituation des Unternehmens beeinflusst. Aufgrund der immer komplexer werdenden Umwelt sind neue Planungsinstrumente notwendig, damit die Komponenten des Unternehmenserfolges adäquat erfasst und ausgewertet werden können. Die Integration solcher neuen Instrumente in den Betriebsprozess bedingt einen erhöhten Material- und Zeiteinsatz.[4]

Um die Wirkungszusammenhänge aufzudecken und die Kosten adäquat zu ermitteln, wird das **Prozessmanagement** verwendet.[5] Dieses führt wiederum zu einer Umstrukturierung von der funktionsorientierten Organisationsform zur mehrdimensional organisierten, prozessorientierten Struktur. Das Resultat sind *modulare Netzwerke*, welche aus flexiblen Kombinationen von Erfolgsfaktoren bestehen. In einem weiteren Schritt findet eine Entwicklung hin zur kooperativen Organisation statt.

Daraus folgen drei typische Organisationsprinzipien für die Internetökonomie, die zum Management der Geschäftsprozesse meist kombiniert werden (siehe Abb. 1).[6]

| Organisationsprinzipien in der Internetökonomie | | |
|---|---|---|
| **prozessorientiert**<br>(Basis: mehrdimensionale, horizontale Strukturen) | **netzwerkartig**<br>(Basis: kleine, flexible, selbständige Einheiten) | **kooperativ**<br>(Basis: Kooperationspartner, ggf. virtuelle Unternehmen) |

Abbildung 1: Gegenüberstellung der Organisationsprinzipien

---

[1]  Vgl. FLEISCH, E. 2001 /Netzwerkunternehmen/ S. 3.

[2]  Vgl. HOFMANN, U. 2001 /Netzwerk-Ökonomie/ S. 10.

[3]  Vgl. DASCHMANN, H.-A. 1994 /Erfolgsfaktoren/ S. 18.

[4]  Vgl. BROCKHOFF, K. 1977 /Prognoseverfahren/ S. 20.

[5]  Vgl. FRANZ, ST. 1994 /Informations-Management/ S. 238.

[6]  Vgl. MIROW, M., LINZ, C. 2000 /Planung/ S. 265.

# 2.   Wechsel der Organisationsstruktur

Früher wurden die Abteilungen von Unternehmen vorherrschend nach ihren *funktionalen* Eigenschaften eingeteilt. In den letzten Jahren gehen die Unternehmen jedoch zu einer **prozessorientierten Strukturieren** der Organisation über. *„Prozessorientiert"* bezeichnet die Strukturierung der organisatorischen Einheiten des Unternehmens entlang seiner Geschäftsprozesse. Der Vorteil liegt darin, dass diese Organisationsstruktur die Umstellung des betrieblichen Transformationsprozesses auf eine Abwicklung mit Hilfe von Informations- und Kommunikationssystemen (IKT) unterstützt.[7]

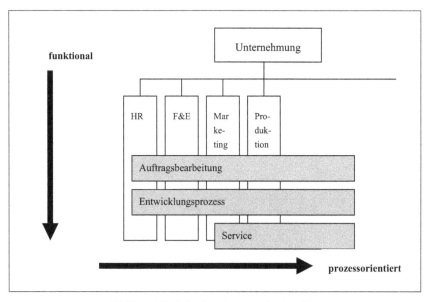

Abbildung 2: Funktionale und prozessorientierte Sicht

Der **Begriff des Geschäftsprozesses** hat durch die prozessorientierte Organisation stark an Bedeutung gewonnen. In der Literatur zu diesem Thema werden jeweils unterschiedliche Komponenten des Geschäftsprozesses hervorgehoben.[8] Hier sind exemplarisch die Unterstützung durch *Business Process Reengineering (BPR)* und *Electronic Business (E-Business)* zu nennen.

Im **Business Process Reengineering (BPR)** wird speziell die Ausrichtung der Geschäftsprozesse an den damit verbundenen kritischen Erfolgsfaktoren behandelt. Dieses Konzept ist sehr *technisch* orientiert. Die Informationstechnologie gilt als besondere Erleichterung bei der Umsetzung von Gestaltungskonzepten des *BPR*, insbesondere sind hierbei die *Workflow*-Technologien zu nennen. Das *BPR* wird im deutschsprachigen Raum vor allem von SCHEER

---

7   Vgl. NÄVY, J. 2003 /Facility Management/ S. 21.

8   Vgl. SCHMIDT, G. 1997 /Prozessmanagement/ S. 5.

vertreten. Bekannt wurde dieser Autor mit seinem *ARIS*-Modell für das Informationssystem-Management.[9]

Das *E-Business* wird weiter unten in diesem Kapitel ausführlicher beschrieben. Es unterstützt die Geschwindigkeit von Kommunikation und Arbeit, fördert internationale Zusammenschlüsse sowie flache betriebliche Hierarchien und steigert die professionelle Kompetenz der Mitarbeiter. Letztendlich tragen diese Eigenschaften zur *Kostenreduzierung* bei. Damit handelt es sich beim *E-Business* um einen ganzheitlichen Ansatz des strategischen Managements und nicht mehr um eine reine IT-Strategie.[10]

Seit den 90er Jahren des vergangenen Jahrhunderts wird ein starker Trend zur betont *arbeitsteiligen*, auf ihren Erfolgsfaktoren basierenden Unternehmensorganisation diagnostiziert. Mit diesem Trend dürfte es möglich sein, die hierarchischen Unternehmensstrukturen aufzubrechen. Die Anzahl der Außenbeziehungen sowie der internen Unternehmenseinheiten nimmt zu und begünstigen die Entstehung **komplexer Netzstrukturen.** [11]

Wie Abb. 3 zeigt, machen die Geschäftsprozesse nicht an den Unternehmensgrenzen halt, sondern beziehen auch Außenbeziehungen eines Unternehmens mit ein.

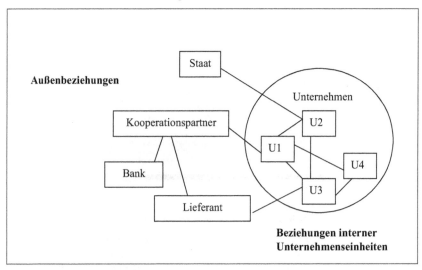

**Abbildung 3:Unternehmensübergreifende Netzbeziehungen**

In der *vorliegenden Arbeit* soll zunächst die Bedeutung von Geschäftsprozessen allgemein erklärt werden. Danach erfolgt eine detaillierte Darstellung der Geschäftsprozesse in der modernen Internetökonomie. In diesem Zusammenhang wird auf die Bildung von Geschäftsmodellen eingegangen.

---

[9]  Vgl. GALLER, J. 1997 /Geschäftsprozess/ S. 22.

[10]  Vgl. BAUMANN, M., KISTNER, A. C. 2000 /e-Business/ S. 321 und 406.

[11]  Vgl. LOCHMANN, H.-D., KÖLLGEN, R. (HRSG) 1998 /Facility Management/ S. 57.

## 2.1.  Veränderte Auffassung des Geschäftsprozesses

FERSTL und SINZ bezeichnen einen **Geschäftsprozess** als Transaktion bzw. Folge von Transaktionen zwischen betrieblichen Objekten mit dem Ziel des Austausches von Leistungen oder Nachrichten.[12] In dieser Definition kann die *Körperlichkeit* der Objekte nachvollzogen werden.

Mit dem Aufkommen der Internetökonomie erfuhr der Begriff des Geschäftsprozesses jedoch eine *Wandlung*. Er leitet sich nun verstärkt aus dem **formalen Prozessbegriff der Informatik** ab. Dieser weist der Transformation bzw. dem Prozess bestimmte Eigenschaften zu:[13]

- Die Transformation (Anwendung der Aktion) erfolgt von einem genau definierten Anfangszustand in einen Folgezustand.

- Jede Transformation eines Zustandes in einen Folgezustand bzw. jede Einzelberechnung kann als Teilprozess angesehen werden.

- Die Transformation erfolgt nach genau festgelegten Regeln.

- Die Transformation bricht ab, wenn ein Endzustand erreicht wird.

- Die Transformation und ihr Ablauf sind direkt vom Zustandsraum abhängig, in welchem die Transformation abläuft.

Daraus lässt sich die folgende Definition für den Geschäftsprozess ableiten, die so oder ähnlich gerne in der Literatur verwendet wird:

---

**Definition 1: Geschäft, Geschäftsprozess**

Unter einem Geschäftsprozess versteht man eine abgegrenzte, meist arbeitsteilige Folge von Funktionen zur Bearbeitung eines betriebswirtschaftlichen Projektes in einem zeitlich-sachlogischen Zusammenhang. Der Geschäftsprozess hat einen definierten Anfang und ein definiertes Ende. Sein Ziel ist die Erstellung oder Verwertung betrieblicher Leistungen innerhalb der vorgegebenen Rahmenbedingungen.

---

Ein *Geschäftsprozess* ist somit eine Anordnung von Aufgaben in Raum und Zeit mit definiertem Anfang und Ende und klar bestimmten *In-* und *Outputs*. Da eine körperliche Übergabe **im virtuellen Raum** ausgeschlossen ist, wird hierbei nicht mehr auf die Übertragung von Leistungen, sondern von Nachrichten und Daten abgestellt. Die *Gegenständlichkeit* stellt nur noch einen untergeordneten Faktor des Geschäftsprozesses dar. Als wesentlich wichtiger werden die verwendeten Technologien angesehen.[14]

---

[12]  Vgl. VOSSEN, G., BECKER, J. 1996 /Geschäftsprozessmodellierung/ S. 18.
[13]  Vgl. SCHWICKERT, A., FISCHER, K. 1996/Geschäftsprozess/ S. 3.
[14]  Vgl. DAVENPORT, T.H. 1993 /Process Inovation/ S. 5.

Elektronische Geschäfte sind demgemäß Geschäfte, welche über ein elektronisches Medium ganz oder teilweise abgewickelt werden. Daraus folgert STAHLKNECHT:

---

**Definition 2: Elektronisches Geschäft**

Ein Elektronisches Geschäft beinhaltet den Geschäftsprozess selbst sowie alle Technologien, welche die elektronische Abwicklung von Geschäftsprozessen unterstützen. [15]

---

Im Fall der Internetbasierten Geschäfte vollzieht sich die Abwicklung über das neue Medium *Internet*.[16] Analog zur Definition des elektronischen Geschäftes kann die folgende Definition abgeleitet werden:

---

**Definition 3: Internetbasiertes Geschäft**

Die internetbasierten Geschäfte eines Unternehmens umfassen den Geschäftsprozess selbst, sowie die Internettechnologien, welche die internetbasierte Abwicklung der Geschäftsprozesse unterstützen.

---

Die Unterschiede zwischen den beiden Geschäftsarten werden klar, wenn man die Definition von PICOT/REICHWALD/WIEGAND betrachtet. Diese unterscheiden grundsätzlich elektronisch *unterstützte* Geschäfte, welche auf den eigentlichen Geschäftsablauf keinen Einfluss nehmen, und die *vollständige* Abbildung von Geschäften über Informations- und Kommunikationssysteme. [17]

Um die verschiedenen Arten von Geschäftsprozessen vergleichbar zu machen, versucht man über Kosten, den Werteverzehr bei der Wertschöpfung darzustellen. Sie repräsentieren den Verbrauch von Produktionsfaktoren. Das **Prozessmanagement** als Komponente der strategischen Planung gewinnt somit verstärkt an Bedeutung.[18]

---

[15] Vgl. STAHLKNECHT, P. 1995 /Wirtschaftsinformatik/ S. 403.

[16] Vgl. STAHLKNECHT, P. 1995 /Wirtschaftsinformatik/ S. 404.

[17] Vgl. PICOT, A., REICHWALD, R., WIEGAND, R.T. /Die grenzenlose Unternehmung/ S. 317.

[18] Vgl. FRANZ, ST. 1994 /Informations-Management/ S. 238.

## 2.2. Ist das Wertschöpfungsmodell nach Porter weiter gültig?

Von der Wertschöpfung in den Geschäftsprozessen lässt sich überleiten zu den Grundlagen der **Wettbewerbstheorie** nach PORTER. Dieses Konzept ist seit dem Aufkommen der Internetökonomie verstärkt in die *Kritik* geraten. Die Rahmenbedingungen der Ökonomie haben sich durch die Einführung des Internets grundlegend geändert, da die Dynamik in fast allen Branchen verbessert wurde.[19]

Aber PORTER gilt noch immer als eine der größten noch lebenden Autoritäten zum Thema *Wettbewerbsfähigkeit*.[20] Die von PORTER untersuchten **Wettbewerbsvorteile** werden von ihm über die Wertschöpfung des Unternehmens definiert. Sie entsprechen dem Wert, den das Unternehmen für seine Kunden schafft. Dieser sollte die Kosten der Wertschöpfung übersteigen.[21] Solche Wettbewerbsvorteile ergeben sich in erster Linie aufgrund der Strategien *Differenzierung, Konzentration* und *Kostenführerschaft*.[22]

Es ergibt sich die Frage, ob **Überschneidungen** zwischen den Begriffen *Wettbewerbsvorteil* und *Erfolgsfaktor* bestehen. Die Wettbewerbsvorteile würden per Definition in der hier vorliegenden Arbeit Erfolgsfaktoren darstellen, wenn sie Strukturen wären, die den Erfolg eines Unternehmens *positiv* beeinflussen.[23] Aufgrund der Aussage von PORTER, dass der Wert der Wettbewerbsvorteile die Kosten der Wertschöpfung übersteigen soll, wird ihre Richtung damit als positiv bzw. erfolgssteigernd festgelegt. Damit können die Wettbewerbsvorteile als eine Form von Erfolgsfaktoren identifiziert werden.

Wettbewerbsvorteile lassen sich erst verstehen, wenn das Unternehmen in seine Geschäftsbereiche und diese in ihre einzelnen Geschäftseinheiten aufgeschlüsselt werden. In diesem Zusammenhang erklärt PORTER das **Konzept der Value Chain** (engl. Wertkette oder Wertschöpfungskette) als analytisches Instrument.[24]

Eine Wertkette enthält alle strategisch relevanten Aktivitäten oder Geschäftsprozesse eines Unternehmens, die an der Transformation des betrieblichen Aufwandes in Wertschöpfung beteiligt sind. Sie lassen sich wie die Elemente einer Kette aneinander reihen oder einzeln betrachten. Erfolgsrelevante Faktoren können auf diese Weise einfacher isoliert und untersucht werden. so sind *unternehmensinterne Aussagen* zum Unternehmenserfolg möglich.[25]

Abb. 4 gibt den grundsätzlichen Aufbau des Wertkettenmodells wider. Die primären Aktivitäten sind als Wertkette an einander gereiht und erhöhen den Wert für das Unternehmen mit jedem neuen „Schritt". Stützende Aktivitäten werden in jedem Element der Kette wirksam.

---

[19] Vgl. RECKLIES, M. 2001 /Beyond Porter/ S. 1. Die Autorin stellt dabei heraus, dass sie grundsätzlich die Leistungen von PORTER anerkennt, diese jedoch durch die Internetökonomie und ihre neuen Bedingungen relativiert werden und demzufolge einer Ergänzung bedürfen.

[20] Vgl. o.V. 2004 /Learning from the Leaders/ S. 6. PORTER ist Professor an der Harvard Business School und Direktor des *Institute for Strategy and Competitiveness*. Seine 16 Bücher sind weltweit in bis zu 17 Sprachen übersetzt worden. Er erhielt zahlreiche Preise, zuletzt 2003 den *Scholary Contributions to Management Award* der *Academy of Management*.

[21] Vgl. PORTER, M.E. 1999 /Wettbewerbsvorteile/ S. 27.

[22] Vgl. PORTER, M.E. 1999 /Wettbewerbsvorteile/ S. 49-51.

[23] Vgl. DASCHMANN, H.-A. 1994 /Erfolgsfaktoren/ S. 1.

[24] Vgl. PORTER, M.E. 1999 /Wettbewerbsvorteile/ S. 67 f.

[25] Vgl. HENTZE, J., BROSE, P., KAMMEL, A. 1992 /Unternehmensplanung/ S. 176.

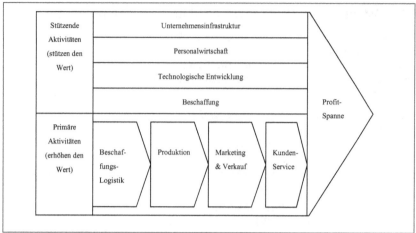

**Abbildung 4: Porters Wertkettenmodell einer Produktionsunternehmung**

Wenn ein Unternehmen bessere Transformationsfunktionen hat als seine Konkurrenten, kann es daraus Wettbewerbsvorteile ziehen. Die Geschäftsprozesse orientieren sich direkt an der Wertschöpfungskette und den Zielen des Unternehmens. Teilprozesse, welche nicht auf Wertschöpfung ausgerichtet sind, können als ineffizient angesehen werden und sind aus dem Geschäftsprozess zu eliminieren.[26]

Durch die vor- und nachgelagerten Wertketten von Lieferanten und Kunden ergibt sich schließlich ein Wertesystem aus vielen verschiedenen Wertketten mit einer netzartigen Struktur.[27]

Bei neueren Modifikationen des Wertkettenmodells wird das *Informationsmanagement* als übergreifende und verknüpfende Aktivität zu *allen* anderen Aktivitäten angesehen. Demzufolge kann der Einfluss der Informationsverarbeitung auf die Ablaufstrukturen im Unternehmen sichtbar gemacht werden.[28]

Die von PORTER benannten **fünf Wettbewerbskräfte** bzw. „Five Forces" (Markteintritt neuer Wettbewerber, Risiko des Auftretens von Substitut-Produkten, Marktmacht der Kunden, Marktmacht der Lieferanten und Konkurrenzstärke unter den Wettbewerbern)[29] sind gemäß den Ausführungen der hier vorliegenden Arbeit als ökonomische Umweltbedingungen anzusehen.

Sie geben damit die Rahmenbedingungen der spezifischen Umweltsituation des Unternehmens vor. PORTER teilt diese Wettbewerbskräfte in mehrere Unterkategorien von sog. *Antriebskräften* ein. Diese Antriebskräfte, z.B. Kostenantriebskräfte, wie größenbedingte Kostendegression, produktivitätssteigernde Lernvorgänge, Verflechtungen zur Nutzung von Kos-

---

[26] Vgl. SCHWICKERT, A., FISCHER, K. 1996 /Geschäftsprozess/ S. 6.

[27] Vgl. PORTER, M.E. 1999 /Wettbewerbsvorteile/ S. 63 f. Ein Unternehmen kann dann Wettbewerbsvorteile erringen, wenn es Aktivitäten der Wertkette preiswerter oder qualitativ besser erledigt als seine Wettbewerber.

[28] Vgl. ÖSTERLE, H. 1991 /Unternehmensführung/ S. 50.

[29] Vgl. PORTER, M.E. 1999 /Wettbewerbsvorteile/ S 29. Die *Five Forces* heißen im Original: Buyers, suppliers, competitors, new entrants and substitutes.

tenvorteilen, etc., sind einzelne Strukturfaktoren, deren Auswirkungen auf das Verhalten einzelner Wertaktivitäten des Unternehmens analysiert werden können.[30] Zur genaueren Untersuchung betrachtet PORTER das Verhalten einzelner Unternehmenssegmente und Tätigkeitsbereiche.[31]

Als **Kennzahl** zur Messung der Wettbewerbsvorteile verwendet PORTER die durchschnittliche Rentabilität einer Branche. Die unterschiedliche durchschnittliche Rentabilität in den einzelnen Branchen führt er darauf zurück, dass die von ihm beschriebenen fünf Wettbewerbskräfte *unterschiedlich stark wirken*, folglich die Umweltbedingungen verschieden sind.[32]

PORTER geht davon aus, dass sich ein Unternehmen an seinem *strategischen Umfeld* zu orientieren hat. Speziell die Wettbewerbsstrategie führt er auf die Gestaltung der **Branchenstruktur** zurück. Er behauptet, dass die von ihm beschriebenen fünf Wettbewerbskräfte in jeder Branche auf den Markt einwirken und damit die Erfolgsmöglichkeiten der Unternehmen determinieren. Die von ihm favorisierte Strategie besteht darin, die fünf Kräfte gezielt zu beeinflussen, um so die Wettbewerbsposition des Unternehmens zu verbessern.[33]

Dieser Management-Konzeption nach PORTER wird allerdings von anderen Wirtschaftswissenschaftlern die Leistungsfähigkeit abgesprochen, *langfristige* Erfolgspotentiale zu generieren,[34] denn seine Ausführungen beinhalten eine Empfehlung an die Geschäftsleitungen, ihre Tätigkeit auf die Anwendung *standardisierter* Management-Instrumente zur Beeinflussung der *Five Forces* zu beschränken. Durch die mit dieser Empfehlung verbundene **Vereinheitlichung** der strategischen Planung sowie ihrer Instrumente werden gleichartige Wettbewerbsstrategien induziert, welche zu „erdrutschartigen" Veränderungen am Markt führen können.[35]

Einer der größten **Kritiker an der Wettbewerbstheorie** von PORTER im Zusammenhang mit dem Internet ist DOWNES.[36] Er vertritt die Meinung, dass die Wettbewerbstheorie nach PORTER in der Internetökonomie keine Gültigkeit mehr hat. Diese Kritik begründet er mit dem Argument, dass *drei neue Triebkräfte* in der Internetökonomie aufgetreten sind, welche völlig neue strategische Maßnahmen erfordern. Als diese drei neuen Triebkräfte identifiziert er die *Digitalisierung*, die *Globalisierung* und die *Deregulierung* im Internet. Sie überlagern nach seiner Ansicht die auf das Modell von PORTER zurückzuführenden fünf Wettbewerbskräfte.[37]

---

[30]  Vgl. PORTER, M.E. 1999 /Wettbewerbsvorteile/ S. 106 f.

[31]  Vgl. PORTER, M.E. 1999 /Wettbewerbsvorteile/ S. 135 ff.

[32]  Vgl. PORTER, M.E. 1999 /Wettbewerbsvorteile/ S. 29.

[33]  Vgl. PORTER, M. E. 1991 /Wettbewerbsstrategie/ S. 110 f. Grundlage des Modells sind die Gesetze der Mikroökonomie: Angebots- und Nachfrageabhängigkeit des Preises, Einfluss von komplementären Gütern und Substituten, Zusammenhang zwischen Produktionsmenge und -kosten sowie die unterschiedlichen Marktstrukturen.

[34]  Vgl. HAMEL, G., PRAHALAD, C.K. 1989 /Strategic Intent/ S. 66. Barney, J.B. 1991 /Firm Resources/ S. 112 ff.

[35]  Vgl. RUMELT, R.P. 1984 /Strategic Theory/ S. 569.

[36]  Vgl. DOWNES, L. 1998 /Beyond Porter/ S. 1. Dieser Artikel beinhaltet eine harsche Kritik an PORTER. DOWNES ist Co-Autor des Buches „Unlashing the Killer App: Digital Strategies for Market Dominance", Harvard Business School 1998.

[37]  Vgl. PORTER, M. E. 1991 /Wettbewerbsstrategie/ S. 25-61. Dort werden PORTERS „Five Forces" eingehend beschrieben.

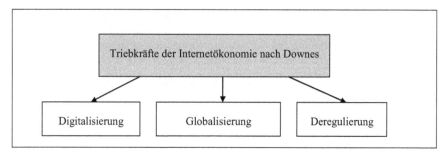

**Abbildung 5: Triebkräfte der Internetökonomie nach Downs**

Die aus den **drei neuen Triebkräften** resultierenden Änderungen beschreibt DOWNES wie folgt:[38]

Die **Digitalisierung** der Daten und die leistungsfähigere Informationstechnologie erleichtern und beschleunigen die Informationsgewinnung der Marktteilnehmer über ihr ökonomisches Umfeld. Somit wird die Markttransparenz erhöht. Gleichzeitig bietet diese Entwicklung die Grundlage für den Entwurf neuer Geschäftsmodelle.

Der Vorteil der **Globalisierung** liegt in der Möglichkeit des weltweiten Zugriffes auf ein Netzwerk von Anbietern und Geschäftspartner. Das Ergebnis liegt in einer *Internationalisierung* des Handels. Die Unternehmen sind gezwungen, sich durch Restrukturierungsmaßnahmen, wie *Outsourcing, Kooperation, Konzentration aufs Kerngeschäft* oder *Fusion*, welche mit traditionellen Strategieansätzen nicht gehandhabt werden können, dem internationalen Handel anzupassen.

Die dritte Kraft heißt **Deregulierung**. Da das Internet keine Regulierungen und Grenzen kennt, ermöglicht es einen internationalen, offenen Handel. Dieser wird von den staatlichen Regierungen einerseits unterstützt, um den wissenschaftlichen und wirtschaftlichen Anschluss an die internationale Konkurrenz nicht zu verlieren und andererseits aufgrund der steigenden Kriminalität und des Entzuges der staatlichen Kontrolle mit Sorge beobachtet. DOWNES stellt fest, dass sich die drei Wettbewerbskräfte in der Internetökonomie gegenseitig verstärken. Daraus folgert er, dass sich die ökonomischen Effekte potenzieren lassen.[39]

Gemäß den Untersuchungen von DOWNES werden durch die neuen ökonomischen Rahmenbedingungen der Internetökonomie die Annahmen des PORTER-Modells widerlegt.[40] Die **Rahmenbedingungen** auf welchen PORTERS Wettbewerbstheorie beruht, bestehend aus einem starken Wettbewerb, zyklischen Konjunkturentwicklungen und einem relativ stabilen Markt, welche sich seit den 80er Jahren stark geändert haben. Das Modell der *Five Forces* kann daher nicht die in der Internetökonomie vorherrschenden, starken dynamischen Transformationsprozesse erfassen.[41]

---

[38] Vgl. DOWNES, L. 1998 /Beyond Porter/ S. 2.

[39] Vgl. DOWNES, L. 1998 /Beyond Porter/ S. 2.

[40] Vgl. DOWNES, L. 1998 /Beyond Porter/ S. 1. *Shopping Malls* im Internet können beispielsweise durch die Wettbewerbsanalyse nach Porter nicht erfasst werden, weil sie keinen Focus auf eine bestimmte Branchenstruktur bieten. Mittelständische Unternehmen sehen sich zunehmend der ausländischen Konkurrenz über das Internet ausgesetzt. In dieser Situation müssen sie verstärkt auf Kundenbindung anstatt Preis- oder Qualitätsführerschaft setzen.

[41] Vgl. RECKLIES, M. 2001 /Beyond Porter/ S. 1.

Der Unterschied liegt vor allem in der **Stellung der Informationstechnologie.** Bei PORTER hat sie die Funktion eines Instruments zur Implementierung von Strategien, während sie inzwischen als ein wichtiger Faktor für *Veränderungen* angesehen wird, denn ihre drei neuen Triebkräfte machen die ökonomische Umwelt von Unternehmen zunehmend instabiler.[42]

Andere Autoren, wie WEIBER/KOLLMANN, weisen darauf hin, dass sich im *Marketplace*, wie er von Porter gesehen wird, wie auch im *Marketspace* des Internet eine **Dichotomie der Wettbewerbsstrategien** herausarbeiten lässt.

Anders als im Marketplace, wo in eine Kostenführerschaft und eine Qualitätsführerschaft unterschieden wird, kann man in der Internetökonomie zwischen einer Geschwindigkeitsführerschaft (*Speed-Leader*) und einer Qualitätsführerschaft im Sinne qualitativ hochwertiger Informationen (*Topical-Leader*) unterscheiden (siehe unten, Abb. 3).

Mit Hilfe der Informationstechnologie könnte bei Berücksichtigung der Kostensenkungs- und Innovationspotentiale eine „Sprengung" der Dichotomie erreicht werden.[43]

Bisher hat die Internetökonomie jedoch die *Old Economy* noch immer nicht völlig abgelöst. Die Wettbewerbstheorie von PORTER ist folglich noch gültig, benötigt jedoch unbedingt einer Ergänzung.[44]

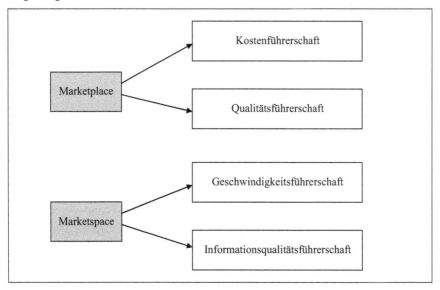

**Abbildung 6: Wandel in den Führungsgrößen**

---

[42]  Vgl. RECKLIES, M. 2001 /Beyond Porter/ S. 4.

[43]  Vgl. WEIBER, R., KOLLMANN, T. 1999 /Wertschöpfungsprozesse/ S. 60, sowie HAMMER, M., CHAMPY, J. 1994 /Business Reengineering/ S. 122.

[44]  Vgl. RECKLIES, M. 2001 /Beyond Porter/ S. 4.

## 2.3.   Einfluss auf die Geschäftsmodelle

Die grundlegenden Elemente der Untersuchung sind die **Geschäftsprozesse**, welche im Unternehmen ablaufen. Die IT stellt seit dem Ende der 90er Jahre des vergangenen Jahrhunderts ein Kernelement des Geschäftsprozesses dar. Daher sprechen mehrere Autoren nicht mehr von IT, wie früher üblich, sondern verwenden den Begriff *Informations- und Kommunikationstechnologie (IKT)*.[45] Ein Ergebnis der veränderten Sichtweise sind neue Geschäftsprozessmodelle, wie das *Organisationsmodell X.400*, welches von der ISO erarbeitet wurde. Der Computer dient als neuer Träger der Information und verbessert beispielsweise die Leistungsfähigkeit des konventionellen Briefversandes um 9/10tel.[46]

Am Anfang jedes Projektes stehen die Analyse, Modellierung und Optimierung der Geschäftsprozesse. Damit die Vorgänge in den Geschäftsprozessen und ihre Beziehungen besser analysiert werden können, ist die Bildung geeigneter **Modelle** notwendig. Modelle bilden die Realität in immaterieller und abstrahierender Form ab. Da sich insbesondere die Informatik als Wissenschaft der Abstraktion versteht, werden viele ihrer Techniken zur Bildung von Geschäftsmodellen verwendet.[47]

---

**Definition 4: Geschäftsmodell**

Ein Geschäfts- oder Geschäftsprozessmodell wird gebildet durch den Geschäftsprozess als Kernelement, das Informationssystem, die Leistungen, die Prozessführung und die Prozessentwicklung.[48]

---

Geschäftsmodelle stellen somit streng genommen Verfahrensabläufe dar. Die typischen Elemente entsprechen denjenigen des Geschäftsprozesses. Die Beziehungen werden als Pfeile dargestellt, um ihre Wirkungsrichtung festzulegen.[49]

---

[45]   Vgl. SCHMID, B. 2000 /Digitale Ökonomie/ S. 178 ff.

[46]   Vgl. SCHMID, B. 2000 /Digitale Ökonomie/, S. 187.

[47]   Vgl. VOSSEN, G., BECKER, J. 1996 /Geschäftsprozessmodellierung/ S. 19. Die bekanntesten Geschäftsmodelle sind *Datenmodelle*, welche im Zusammenhang mit Datenbankanwendungen oder *Software-Engineering* verwendet werden. Hierzu gehören das für die IT grundlegende *Entity-Relationship-Model* von SIMON, das *Relationenmodell* und auch *Objektmodelle*, wenn sie einen dynamischen Aspekt beinhalten. Dynamische Aspekte können berücksichtigt werden durch die Integration von Struktur- und Verhaltensmodellierung. Der englische Begriff *Business Process Modeling* trifft dabei am ehesten den kreativen Prozess der Gestaltung. Der meist synonym verwendete Begriff *Business Process Reengineering* ist irreführend. Als Voraussetzung für die Vernetzung wird eine beherrschbare Komplexität als notwendig angesehen. Es existieren mehrere *Beschreibungsmodelle* zur Abbildung von solchen komplexen Geschäftsbeziehungen. Hervorzuheben ist das Modell von RAYPORT/SVIOKLA, welche ein Unternehmen in die Bereiche *Kontent*, *Kontext* und *Infrastruktur* aufteilen, um die Schnittstellen zwischen den Bereichen bei der Vernetzung des Unternehmens zu betrachten. Ein weiteres Beispiel für ein Beschreibungsmodell ist das Modell von HAGEL/SINGER zur Spezialisierung von Geschäftseinheiten, mit welchem die Relevanz der zwischenbetrieblichen Koordination betont wird. Vgl. RAYPORT, J.F., SVIOKLA, J.J. 1995 /Virtual Value Chain/ S. 112 f., sowie HAGEL, J., SINGER, M. 1999 /Net Worth-Shaping Markets/.

[48]   Vgl. ÖSTERLE, H. 1991 /Unternehmensführung/ S. 49.

[49]   Vgl. HAMMER, CH., WIEDER, G. 2002 /Internet-Geschäftsmodelle/ S. 40. Die drei *Hauptkomponenten* eines Geschäftsmodells werden gebildet durch *die sog. Value Proposition* (Nutzen, den alle internen und externen Geschäftspartner aus dem Unternehmen ziehen können), *die Architektur der Wertschöpfung* (beschreibt die wichtigsten Stufen der Wertschöpfung und ihr Beitrag zur Leistungserbringung) und *ein Ertragsmodell* (entscheidet über die Nachhaltigkeit eines Geschäftsmodells, indem es Art und Beschaffenheit der Einnahmenströme wiedergibt, oft sind die Kostenstruktur und die jeweilige Budgetplanung integriert).

Die Darstellung als Geschäftsmodell eignet sich vor allem unter komplexen, schnell veränderbaren Umweltbedingungen, wie sie in der Internetökonomie existieren. WEIBER/KOLLMANN beschreiben diese veränderten Bedingungen als _verkürzte Produktlebens- und Innovationszyklen_ bei IT-Produkten, _verkürzte Amortisationszeiten, Preisverfall_ und _stärkere Bedeutung des Nutzenpotentials für den Kunden_ (siehe Abb. 7).[50]

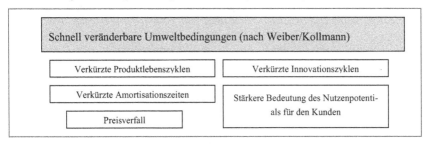

**Abbildung 7: Aufzählung schnell veränderbarer Umweltbedingungen**

Zu Beginn der Internet-Ära waren meist noch reine Geschäftsmodelle auffindbar. Die angebotenen Dienstleistungen werden jedoch immer mehr ausgeweitet und die Modelle kombiniert, um einem Preisverfall entgegenzuwirken. Gerade in der heutigen Wirtschaft ist erkennbar, dass die Einnahmenströme des Ertragsmodells zumeist aus einem **Mix unterschiedlicher Modellarten** bestehen. Deshalb wird von HAMMER/WIEDER angeraten, bei neuen Geschäftsmodellen für internetbasierte Geschäfte zunächst die möglichen Ertragsmodelle zu analysieren und dann zu einem passenden Mix zusammenzustellen.[51]

Das Unternehmen kann durch die Verwendung von Geschäftsmodellen umstrukturiert werden, indem es seine Aktivitäten auf die Internetökonomie überträgt. Als Grundlage hierfür sollte eine gute **Standardsoftware** dienen, welche in unternehmensspezifische Prozesse integriert wird.[52] Vor allem die _Kommunikation_ zwischen den einzelnen Organisationseinheiten wird durch die Möglichkeiten der Internetökonomie wesentlich vereinfacht.[53]

Ein gutes **Beispiel** für die Integration des Geschäftsprozesses ist die Verwendung des elektronischen Datenaustausches (EDI = _Electronic Data Interchange_). Durch EDI kann ein Austausch von gleich strukturierten Geschäftsdaten zwischen Anwendungssystemen automatisiert werden und ohne Medienbrüche erfolgen.[54] Das gilt insbesondere für externe Geschäftsprozesse. Leider erfolgt die Durchsetzung der Austauschstandards nach dem Machtprinzip, so dass sich trotz verbreiteter Anwendung des EDI bisher nur Insellösungen gebildet haben.[55]

---

50  Vgl. WEIBER, R. KOLLMANN, T., POHL, A. 1998 /Management/ S. 75 f. Die Autoren gehen davon aus, dass diese „elementaren Strömungen" die aktuelle Marktpolitik seit mindestens den 90er Jahren beeinflussen.

51  Vgl. HAMMER, CH., WIEDER, G. 2002 /Internet-Geschäftsmodelle/ S. 58 f.

52  Vgl. HOHMANN, P. 1999 /Geschäftsprozesse/ S. 153 f.

53  Vgl. FLEISCH, E. 2001 /Netzwerkunternehmen/ S. 159–161.

54  Vgl. FILSECKER, TH. 2004 /XML/ S. 195 f. Durch das noch immer übliche Erfassen und Verschicken von Geschäftsformularen per Post oder Fax, welche dann manuell in das System eingegeben werden, können sich Fehler einschleichen. Zudem ist es sehr personal- und zeitaufwendig.

55  Vgl. FILSECKER, TH. 2004 /XML/ S. 684–689. Voraussetzungen für den EDI waren einheitliche Standards, generische Formate, welche den Datenaustausch branchenunabhängig und universell einsetzbar überhaupt ermöglichten.

# 3.   Internetökonomie und E-Business

Das Internet hat in den letzten Jahren in alle Bereiche des privaten und öffentlichen Lebens Eingang gefunden. Statistiken belegen, dass sich die Informationen im Internet etwa alle drei Monate verdoppeln.[56] In der vorliegenden Arbeit werden die internetbasierten Geschäfte unter dem strategischen Gesichtspunkt der Erfolgsfaktorenforschung betrachtet werden. Die vorliegende Arbeit konzentriert sich daher vor allem auf den Bereich der Wirtschaft, welcher über das Internet abläuft, die sog. **Internetökonomie.**

**Definition 5:** *Internetökonomie*
*(E-Conomy, New Economy, Network Economy, Digital Economy)*

Als Internetökonomie bezeichnet man den Bereich der Wirtschaft, welcher durch das Internet entstanden ist bzw. beeinflusst wird. [57]

Der größte Bereich der Internetökonomie bezieht sich auf den sog. *E-Commerce.* Dieser beschreibt die digitale Anbahnung, Aushandlung und Abwicklung von Transaktionen zwischen Wirtschaftssubjekten.[58]

**Definition 6:** *Electronic Commerce (E-Commerce)*

Unter *E-Commerce* versteht man, die Unterstützung von in- und externen Geschäftsprozessen und ihrer Optimierung sowie Aufbau und Entwicklung von Beziehungen mit allen Interessengruppen des Unternehmens. [59]

Abzugrenzen gegenüber dem kommerziellen Bereich des Internets ist der in diesem Zusammenhang ebenfalls verwendete Begriff des *E-Business. E-Business* ist eine *ganzheitliche Strategie* im Bezug auf die Ausrichtung der Firma. Es ist immer integrativ zu betrachten, steht somit nicht isoliert neben den Geschäftsfeldern eines Unternehmens, sondern verbindet sie. [60]

**Definition 7:** *Electronic-Business (E-Business)*

*E-Business* beschreibt ein Konzept zur Nutzung von Informations- und Kommunikationstechnologien zur elektronischen Integration und Verzahnung von Wertschöpfungsprozessen.[61]

In der Literatur zu diesem Thema ist bisher **keine einheitliche Abgrenzung** zwischen *E-Business* und *E-Commerce* erkennbar. Sie werden oftmals synonym verwendet. In der hier vorliegenden Arbeit soll der Begriff *E-Commerce* jedoch klar abgegrenzt für die operative und *E-Business* für die strategische Dimension stehen.

---

[56] Vgl. BAUMANN, M., KISTNER, A. 2000 /e-Business/ S. 109.

[57] Vgl. FRITZ, W. 2000 /Internet-Marketing/ S. 13.

[58] Vgl. ALBERS, S., CLEMENT, M., PETERS, K., SKIERA, B. 1999 /eCommerce/ S. 10.

[59] Vgl. BÖING, CH. 2001 /Erfolgsfaktoren/ S. 332.

[60] Vgl. BAUMANN, M., KISTNER, A. 2000 /e-Business / S. 406.

[61] Vgl. BAUMANN, M., KISTNER, A. 2000 /e-Business / S. 328.

## 3.1. Technologische Grundlagen

Seit Mitte der neunziger Jahre ist die Diskussion über die **Einsatzmöglichkeiten der Infor-mationstechnologie** in eine neue Phase eingetreten. Innerhalb von nur fünf Jahren wurde das Internet das am weitesten verbreitete Datennetzwerk, welches einen internationalen Datenaus-tausch ermöglicht. Angetrieben wurde die Entwicklung durch die Fortschritte in der Pro-zessortechnologie, der Datentransformation, der Datenkompression sowie durch die zuneh-mende Digitalisierung von Informationen.[62]

Es spricht vieles dafür, dass das Internet zu einem technologischen *Mainstream* wird, da es - vergleichbar der Erfindung des Buchdruckes durch GUTENBERG - Literatur und Information einer breiten Masse zugänglich macht. Zahlreiche Technologiesprünge, welche durch das Medium Internet ausgelöst wurden, kündigen eine Internet-*REVOLUTION* an.[63]

---

**Definition 8: Internet**

Die Technologie des Internets besteht aus einer weltweiten Verbindung aller *IP*-Netze. Dabei handelt es sich um den weltweit größten Verbund von Computer-Netzwerken. Sie basieren auf dem Kommunikationsprotokoll *TCP/IP* (*Transmission Control Protocol / Internet Proto-col*).[64]

---

Eine Besonderheit des Internets besteht darin, dass alle Internet-Knoten den gleichen Status haben, d.h. unabhängig von einander operieren können. Diese **dezentrale Struktur** erhöht die Übertragungssicherheit beim Ausfall von einzelnen Netzteilen. Gleichzeitig erschwert sie wesentlich die Kontrolle der Inhalte und ist für einige Regierungen ein Ärgernis.[65]

Aufgrund der dezentralen Konzeption des Internets und seiner weltweiten Verbreitung kommt ihm eine enorme **Marktmacht** zu. Die einzelnen Protokolle des Internets wirken normierend auf die Hersteller, welche sich darum bemühen müssen, mit ihrem Angebot an *Hard*- und *Software* kompatibel zu sein. Durch den starken Wettbewerb wird gleichzeitig das Internet immer weiter verbessert. Die Verbesserungen machen es wiederum attraktiver für neue Nut-zer.[66]

Derzeit wird an einer **technologischen Weiterentwicklung** des Internets gearbeitet, um die langen Wartezeiten bei Internetdienstleistungen zu verringern. Eine Möglichkeit liegt in der Mitbenutzung von Stromleitungen, welche eine permanent offene Verbindung zum Internet schaffen würden. Das Projekt „*Abilene*" in USA, so hoffen Fachleute, wird das Internet in eine neue Generation führen. Es soll wesentlich schneller werden und dem Nutzer neue mul-timediale Dienstleistungen anbieten können.[67]

---

[62] Vgl. BÖING, CH. 2001 /Erfolgsfaktoren im B2C/ S. 1.

[63] Vgl. Schmidt, B. 2001 /Digitale Ökonomie/ S. 183.

[64] Vgl. die offizielle Definition des *FNC* (*Federal Networking Council*) vom 24.10.1995. Anm. d. Verf.: Dieses gilt als die technisch genaueste Definition.

[65] Vgl. BAUMANN, M., KISTNER, A. 2000 /e-Business/ S. 74 f.

[66] Vgl. HÖLLER, J., PILS, M., ZLABINGER, R. (HRSG.) 1999 /Internet/ S. 3 f.

[67] Vgl. MERZ, M. 2002 /E-Commerce/ S. 363, sowie rcswww.urz.tu-dresden.de/~cotto/HTML-Seminar/Grundlagen/Internet.htm, Stand: 13.08.2003 über Zugangstechnologien zum Internet.

## 3.2.    Netzstrukturen des Internets

Unsere Wirtschaft wird zunehmend durch die Gesetzmäßigkeiten von **Netzwerken** bestimmt. Wie gezeigt wurde, haben sich die Strukturen in den Unternehmen immer mehr den veränderten Geschäftsprozessen angepasst. Durch die Computerisierung der Wirtschaft wurde dieser Prozess zusätzlich vorangetrieben, so dass sich das Internet zum derzeit größten Computernetzwerk entwickeln konnte.[68]

Aus dieser Perspektive erscheint es notwendig, die Eigenschaften der Netzstrukturen des Internets genauer zu betrachten.

---

**Definition 9: Netzwerk**

Unter einem Netzwerk versteht man eine Menge von Akteuren, die durch Beziehungen verbunden sind. Die Akteure sind i.d.R. in der Lage untereinander zu kommunizieren.[69]

---

Das **Internet** erfüllt unbestritten die Voraussetzungen eines Netzwerkes. Die einzelnen Mitglieder stehen durch das Medium Internet mit einander in Beziehungen und kommunizieren. Es weist jedoch einige besondere Merkmale auf, die es von anderen Netzwerken unterscheiden:[70]

• Inhalte können *multimedial* dargestellt werden (Audio, Video, Text, Bild, Grafik)

• Möglichkeit des *interaktiven* Zugangs (der Nutzer entscheidet, welche Inhalte dargestellt werden)

• *Multifunktionale Kommunikation* (z.B. *One-to-Many, One-to-Few, One-to-One*)

• Räumliche und zeitliche *Unbegrenztheit*

• *Transaktionsfähigkeit* (alle Phasen eines Geschäftes sind elektronisch abwickelbar, bei digitalen Gütern sogar die Lieferung)

Durch diese Merkmale wird die Möglichkeit der unternehmerischen Nutzung gewährleistet und z.Zt. vor allem für Marketing- und Vertriebs-Zwecke ausgenutzt.

Bei der Nutzung müssen die Unternehmen jedoch einige restriktive Rahmenbedingungen berücksichtigen, um einen erfolgreichen Einsatz des Internets zu gewährleisten. Diese stellen sich wie folgt dar:[71]

a) **Internet-Standards**
   Um eine möglichst breite Kommunikation zu ermöglichen, sollte über die Wahrung entsprechender Internet-Standards eine Kompatibilität der Schnittstellen gewährleistet sein. Dabei handelt es sich aus Sicht der Organisation um eine Rahmenbedingung.[72]

---

[68]  Vgl. BAUMANN, M., KISTNER, A. 2000 /e-Business/ S. 74 f.

[69]  Vgl. o.V. zum Stichwort „Netzwerke" www.unister.de/Unister/wissen/sf_lexikon/, Stand: 13.08.2003.

[70]  Vgl. BÖING, CH. 2001 /Erfolgsfaktoren/ S. 3.

[71]  Vgl. HÖLLER, J., PILS, M., ZLABINGER, R. (Hrsg.) 1999 /Internet/ S. 70f. Die einzelnen Rahmenbedingungen wurden noch einmal anhand der Literatur überprüft.

[72]  Vgl. PICOT, A. 2000 /Bedeutung/ S. 309.

b) **Vorhandene Medienlandschaft**

Die derzeit verfügbaren elektronischen Medien werden ständig weiterentwickelt. Sie basieren zumeist auf den konventionellen Medien, wie Briefverkehr, Telefon, Printmedien oder Rundfunk. Der momentane Trend, z.B. bei der Hardware, geht zu mulimedialen Anwendungssystemen, welche mehrere Funktionen kombinieren.[73] Manchmal werden von der Industrie absichtlich Medienbrüche herbeigeführt, um solche Innovationen voranzutreiben, wie es beispielsweise beim Wechsel von Schallplatte zu Audio-CD der Fall war.

c) **Entwicklungssysteme**

Bei der Entwicklung neuer Programme wird auf eine Internetfähigkeit geachtet. Die seit mehreren Jahren vorherrschenden Programmiersprachen sind dem entsprechend Scriptsprachen, wie *HTML, Java* oder *Javascript*. Außerdem werden Entwicklungen für das Internet mit bekannten Softwareoberflächen kombiniert, um dem Nutzer eine leichtere Bedienung zu ermöglichen.

d) **Web-Database-Integration**

Datenbankhersteller bieten inzwischen die Möglichkeit der Integration von kombinierten *Web-Datenbank-Anwendungen*. Aus den Datenbanken heraus werden dynamische Webseiten generiert. Bestehende Datenbanken können über Interfaces des Internets gepflegt und organisiert werden. Drittanbieter präsentieren *Tools*, mit welchen man auf mehrere Datenbanken gleichzeitig zugreifen kann. Die Entscheidung für ein Prinzip ist dem Unternehmen überlassen.[74]

e) **Anwendungssysteme**

Diese stellen Kombinationen von Standardsoftwarepaketen zu ganzen Systemen dar. Typische Grundkombinationen sind *Mailclient-/-serversysteme, www-Server* und *Browser*. Eigene Entwicklungen und Anpassungen sind über *Online-Shops* möglich. Auch das *Outsourcing* von Daten oder Teilen der Geschäftsprozesse findet in diesem Zusammenhang Anwendungsmöglichkeiten.[75]

f) **Zahlungssysteme**

Die meisten elektronischen Zahlungssysteme basieren auf dem *Electronic Cash*. Einige andere, anonyme Zahlungssysteme sind in der Erprobungsphase, aber derzeit noch nicht weit verbreitet.[76]

g) **Sicherheit**

Eine absolute Sicherheit kann grundsätzlich weder bei der Verwendung von Internettechnologien noch bei den konventionellen Geschäftsprozessen garantiert werden. Zudem kritisieren viele Anwender die Sicherheitsarchitekturen als kompliziert und nehmen lieber eine gewisse Unsicherheit in Kauf. Wichtig ist die Datensicherheit vor allem bei *sensiblen Daten*, welche insbesondere gegen Fremdeinwirkung oder unerlaubten Zugriff zu schützen

---

[73] Vgl. NILSSON, R., 1999 /Internet Shopping Malls/ S. 376. Der Karstadt-Konzern setzt seit Jahren auf die Multimedia-Strategie. Die Firmeneigene Website *my-world* wird von Multimediabausteinen zum Shopping-Service unterstützt.

[74] Vgl. ZWIBLER, S. 2002 /Electronic Commerce/ S. 176 f. Damit die Daten in Datenbanken möglichst effizient verarbeitet werden können, wurden Konzepte zur direkten Ausführung der Datenbankverarbeitung in den Datenbanken entwickelt (*stored procedures*).

[75] Vgl. FRANK, J. 1980 /Standard-Software/ S. 107 f.

[76] Vgl. SEIPP, P. 1999 /Migration/ S. 215 f. Bei den Zahlungsweisen handelt es sich nicht um gänzlich neue Verfahren, sondern bekannte Verfahren wurden lediglich für das Internet adaptiert.

sind. Bewährt hat sich in der Praxis die *Verschlüsselung* von Daten bei der Übertragung und die *Überprüfung* von Datenmaterial zum *Download* mit Hilfe von *Firewalls*.[77]

Für Unternehmen spielt als neuer Aspekt auch der Bereich des *E-Controlling* eine steigende Rolle. Die vorliegende Arbeit lehnt sich im Verständnis des *E-Controlling* an die recht allgemeine Definition nach AHLRICHS an:[78]

---

**Definition 10:** *E-Contolling, Web-Controlling*

Unter *E-Controlling* ist das Controlling der *E-Business*-Aktivitäten eines Unternehmens zu verstehen.

---

*E-Controlling* besteht in der ständigen Beobachtung und Anpassung der Schnittstellen zwischen Controlling und Rechnungswesen. Die strategische und technologische Ausrichtung sollte ständig an die sich ändernden ökonomischen Umweltbedingungen angepasst werden.[79]

Die Maßnahmen zur **Umsetzung der *E-Business*-Strategien** lassen sich aus den Erfolgsfaktoren der internetbasierten Geschäfte eines Unternehmens ableiten. Wiederum ist eine fortlaufende Analyse notwendig, um neue Trends und Veränderungen rechtzeitig zu erkennen und die Aktivitäten des Unternehmens bzgl. *E-Business*-Aktivitäten auszurichten. Das Unternehmen kann daran erkennen in welchen Bereichen noch ein Handlungsbedarf besteht. Es steht zu erwarten, dass Unternehmen, welche nicht im Internet vertreten sind, in den nächsten Jahren gegenüber der Konkurrenz in Rückstand geraten werden, da die Käufer ihr Nachfrageverhalten auf elektronische Vertriebskanäle verlagern. Das bedeutet, ein Teil des Marktes wird in Zukunft auf das Internet umgesiedelt und seinen Teilnehmern *neue Erfolgspotentiale* und *Investitionsmöglichkeiten* bieten. Diesem Teilmarkt wird schon jetzt ein explosionsartiges Wachstum vorausgesagt. Demnach ist es notwendig, die Erfolgsfaktoren für einen erfolgreichen Handel im Internet bzw. die Internetbasierten Geschäfte des eigenen Unternehmens zu kennen.[80]

---

[77]  Vgl. ZOCHOLL, M. 2002 /Internet-Sicherheit/ S. 165. Ein wichtiger Faktor besteht im Aufbau vom Vertrauen des Kunden in die Unternehmung.

[78]  Vgl. Definition von AHLRICHS, F. in: FRIEDAG, H., SCHMIDT, W. 2001 /E-Controlling/ S. 102.

[79]  Vgl. HERWEG, F. 2001 /E-Controlling/ S. 167.

[80]  Vgl. BAUMANN, M., KISTNER, A. 2000 /E-Business/ S. 498 f.

# 3.3.   Zielgerichtete Maßnahmen

In der Internetökonomie sind mehrere Maßnahmen zur Verbesserung der Zielerreichung möglich, welche an dieser Stelle kurz mit Beispielen entsprechend einer Einteilung in die Gebiete *Hardware, Software* und *Organisation* angesprochen werden:[81]

a)   **Optimaler Ressourceneinsatz**

Im Bereich der **Hardware** lässt sich der Aufwand für Einzelrechner mit großer Performance einsparen, indem das Unternehmen den Mitarbeitern z.b. *Terminals* zur Verfügung stellt, welche durch einen *Server* verbunden sind. Die Terminals können von geringer Leistungsfähigkeit und in ihrem Internetzugang beschränkt sein bzw. über den Server kontrolliert werden.[82]

Die **Software** hat den Vorteil, dass sie fast kostenfrei identisch duplizierbar ist. Die gleichen Programme können kostengünstig ohne Qualitätsverluste für mehrere Rechner verwendet werden. Um die Software-Hersteller nicht zu benachteiligen, müssen die gesetzlichen Regelungen zum Lizenzrecht beachtet werden.[83]

Die **Organisation** über *Server* kann auch strategische Vorteile bieten. So brauchen den jeweiligen Terminals der Mitarbeiter nur spezielle *Profile* zugewiesen werden, welche sie mit notwendigen Programmen und Datenspeichern verbinden. Das Unternehmen erhält auf diese Weise eine größere Kontrollmöglichkeit der Aktivitäten einzelner Mitarbeiters. Allerdings muss diese Vorgehensweise mit den arbeitsrechtlichen Vorschriften abgestimmt werden.[84]

b)   **Qualität**

Die Qualität der **Hardware** ist von großer Bedeutung für den reibungslosen Prozessablauf. *Markenprodukte* sind meist mehreren Tests unterzogen und daher stabiler in ihrer Leistungsfähigkeit, welches sich bei hoher Beanspruchung und Dauereinsatz im Unternehmen bemerkbar macht. Stark ausgelastete Rechnersysteme wirken häufig wie ein *Flaschenhals* und verzögern die Übertragungszeiten.[85] Durch Ausfälle der Hardware werden außerdem kostenintensive Serviceleistungen von Drittanbietern notwendig und der Geschäftsprozess des Unternehmens wird gestört.[86]

**Software** von hoher Qualität erkennt man u.a. an der Bedienungsfreundlichkeit. Die Unternehmen versuchen damit Kundenerwartungen zu erfüllen und Kundenbindungen (*Lock in's*) zu schaffen.[87] Renommierte Software-Häuser investieren besonders in diesen Aspekt ihrer Programme. Mit *Upgrades* werden die Programme aktualisiert. Die *Upgrades* enthalten meist zusätzliche *Features*, welche bestimmte Arbeitsgänge erleich-

---

[81]   Vgl. ÖSTERLE, H. 1991 /Unternehmensführung/ S. 52.

[82]   Vgl. HANSEN, H.R., NEUMANN, G. 2001 /Wirtschaftsinformatik/ S. 74, 84.

[83]   Vgl. REBSTOCK, M., HILDEBRAND, K. 1999 /E-Business/ S. 289.

[84]   Vgl. ROSENTHAL, D. 1999 /Internet/ S. 54 f.

[85]   Vgl. ROSENTHAL, D. 1999 /Internet/ S. 91.

[86]   Vgl. KOOP, H.H., JÄCKEL, K.K., HEINOLD, E.F. 2000 /Business E-volution/ S. 67.

[87]   Vgl. MORGANSKI, B. 2001 /Balanced Scorecard/ S. 56 f.

tern oder für den Mitarbeiter verständlicher machen, denn eine einfache Bedienung verringert die Fehlerquote bei der Handhabung.[88]

Eine **Organisation** ist dann qualitativ hochwertig, wenn ihr eine eingehende Planung und Analyse vorausgeht. Das sollte auch auf die Internetbasierten Geschäfte des Unternehmens zutreffen. Das Unternehmen ist genau darauf zu analysieren, wo sich der Einsatz der Informationstechnologie als lohnend erweisen könnte. Die Realisation ist unter Einbeziehung aller betroffenen Mitarbeiter vorzunehmen, um sie in den Prozess zu integrieren und sog. Inertia-Effekte und psychologische Barrieren zu vermeiden.[89]

c) **Geschwindigkeit**

Im Bereich der **Hardware** können große Zeitersparnisse durch neue Prozessoren erreicht werden. Die technologische Entwicklung der Informationstechnologie vollzieht sich derzeit in großen Sprüngen. Die Übertragungsraten von Verbindungen ins Internet werden ständig gesteigert.[90] *Moore's Law* besagt, dass die Verbesserung die Leistungsfähigkeit von Mikroprozessoren alle 18 Monate um den Faktor 2 beträgt.[91]

Bei der **Software** vollziehen sich die Entwicklungen in noch wesentlich höherer Geschwindigkeit. Das Unternehmen braucht für viele Programme mindestens jährliche *Updates*.[92] Das ist nicht nur durch die Fortschritte in der Bedienfreundlichkeit und Laufsicherheit bedingt, sondern auch durch externe Faktoren, die mit der Informationstechnologie nicht im unmittelbaren Zusammenhang stehen. So wirkten sich Gesetzesänderungen, wie Steuerreformen, auf die Inhalte von kaufmännischen Programmen aus und die Einführung des Euro führte zu einer kompletten Neuauflage fast aller finanzwirtschaftlichen Softwareprodukte.

Die **Organisation** des Unternehmens im Bereich der Internetbasierten Geschäfte muss sich immer schneller an neue Produkte und neue Bedingungen anpassen. Diese werden in den Geschäftsprozess des Unternehmens eingebaut. Wesentliche Zeiteinsparungen können z.B. durch die Umstellung der Internetverbindung auf eine *Flatrate* erzielt werden.[93] Oft ist eine neue Telefonverbindung notwendig, um die Hard- und Software zu unterstützen. Die Umstellung auf das neue System muss in den jeweiligen Abteilungen organisiert werden. Außerdem sind die Mitarbeiter im Umgang mit den neuen Produkten zu schulen, damit Zeiteinsparungen erreicht werden können.[94] Auch der Zeitaufwand bei der Beantwortung von Kundenanfragen darf nicht unterschätzt werden. Der Kunde stellt den Anspruch von Schnelligkeit und kurzen Reaktionszeiten, welcher ihm durch die Werbung suggeriert wird. Tatsächlich sind aber vor allem kleine und mittel-

---

[88]  Vgl. ZWIßLER, S. 2002 /Electronic Commerce/ S. 253.

[89]  Vgl. MORGANSKI, B. 2001 /Balanced Scorecard/ S. 95 f.

[90]  Vgl. WIRTZ, B. 2000 /Electronic Business/ S. 61.

[91]  Vgl. WIRTZ, B. 2000 /Electronic Business/ S. 64

[92]  Vgl. ZOCHOLL, M. 2002 /Internet-Sicherheit/ S. 108.

[93]  Vgl. BAUMANN, M., KISTNER, A. 2000 /e-Business/ S. 120 f.

[94]  Vgl. WELGE, M.K. 1985 /Unternehmensführung I/ S. 461. Der Autor weist vor allem auf die Qualifikationsmerkmale des Planungs- und Kontrollpersonals hin.

ständische Unternehmen aufgrund ihrer internen Organisationsstruktur bisher noch nicht in der Lage, medienadäquat und schnell zu antworten.[95]

d)  **Flexibilität**

Mit Hilfe einer guten **Hardware** kann sich der Geschäftsprozess sehr flexibel gestalten. Zahlreiche Unternehmen sind dazu übergegangen, ihren Außendienstmitarbeitern Laptops oder *i-Pacs* zur Verfügung zu stellen, welche über eine Handy-Verbindung jederzeit mit der Zentrale in Verbindung treten können, um die aktuellen Daten abzufragen. Diese Methode hat sich vor allem bei Verkaufsgesprächen als eindrucksvoll erwiesen. Eine Weiterentwicklung ist die Kommunikation mit dem Lieferanten oder dem Kunden per Internet. Beispielsweise werden Lagerbestände kontinuierlich abgefragt, um *Just-in-time*-Lieferungen zu unterstützen. Dieses Verfahren stammt ursprünglich aus der japanischen Autoindustrie und wird inzwischen weltweit erfolgreich eingesetzt.[96]

*Flexibilität* bedeutet auf die **Software** bezogen, dass sie neue technologische Entwicklungen der Hardware unterstützen sollte. Es werden Programme entwickelt, die mit vielen Hardwarelösungen kompatibel sind.[97] An dieser Stelle ist das weiter oben bereits beschriebene EDI zu erwähnen, welches einen medienbruchlosen Datenaustausch gewährleistet und damit zu Zeit- und Personaleinsparungen führen kann.[98]

Die **Organisation** des Unternehmens ist dann flexibel, wenn es sich in kürzester Zeit an ständig neue Anforderungen und Aufgaben anpassen kann. Beispielsweise kann ein Betrieb intern komplett über *Intranet* vernetzt sein, so dass es möglich ist, die strategischen Entscheidungen dezentral zu treffen.[99] Viele Unternehmen treten auch extern gemeinschaftlich auf, indem sie auf *Plattformen* im Internet kooperieren und dem Kunden als *Service-Gemeinschaft* zur Verfügung stehen.[100]

e)  **Sicherheit**

Die Sicherheit der **Hardware** wird immer wieder neu debattiert. Es existieren verschiedene Speichermedien, mit welchen die wichtigsten Daten als *Backup* gesichert und transportiert werden können.[101] Beispielsweise hat die Sicherung auf CD-Rom, Speicherkarte oder portabler Festplatte diejenige per Diskette abgelöst. Für den schnellen und praktischen Transport gibt es z.Zt. sog. *sticks*, kleine portable Speichereinheiten, welche inzwischen den Gigabyte-Bereich erobert haben. Sie sind kaum größer als ein Kugelschreiber. Manche Rechner bieten auch „*Schubladensysteme*", um Festplatten zur Sicherheit manuell aus dem Rechner zu entfernen und sie so vor unerlaubten Nutzern zu schützen. Des Weiteren sind Laptops und Terminals mit begrenztem Zugriff zu erwähnen.

---

[95] Vgl. ROHRBACH, P. 1999 /Electronic Commerce/ S. 276. Im Gegensatz zu einer Anfrage per Brief oder Fax, bei welcher der Kunde mit einer Antwortzeit von mehreren Tagen rechnet, verlangt er bei einer E-Mail ein Feedback innerhalb der nächsten Stunden.

[96] Vgl. SCHRÖDER, F. 2000 /Unternehmens-Controlling/ S. 576 f.

[97] Vgl. BULLINGER, H.-J., BERRES, A. 2000 /E-Business/ S. 1020 zu den Stärken des Betriebsystems *Unix*.

[98] Vgl. FILSECKER, TH. 2004 /XML/ S. 195 f.

[99] Vgl. BAUMANN, M., KISTNER, A. 2000 /e-Business/ S. 370 f.

[100] Vgl. WALKER, M., EYHOLZER, K. 1999 /Immobilienhandel/ S. 8 f.

[101] Vgl. ZOCHOLL, M. 2002 /Internet-Sicherheit/ S. 287.

Im Bereich der **Software** muss je nach Sensibilität der Information überlegt werden, welchem Mitarbeiterkreis sie zur Verfügung stehen soll.[102] Zugang zu den Rechnern erhält der *User* z.B. nur über Passwörter, welche aus Sicherheitsgründen in regelmäßigen Zeitabständen zu ändern sind. Die für den User zugänglichen Bereiche werden in seinem *User-Profil* gespeichert. Die Freigabe von neuen Bereichen erfolgt über den System-Administrator.[103] *Firewalls* schützen den Rechner vor einem externen Zugriff durch Hacker über das Internet.[104]

In der **Organisation** des Unternehmens erreicht man Sicherheit, indem man die Aufgaben möglichst auf mehrere Mitarbeiter verteilt, welche sich gegenseitig kontrollieren. Dieses wird durch Teambildung gefördert. Jedes Teammitglied sollte jede Aufgabe im Team erfüllen können, um so bei Krankheit einzelner Individuen keine Ausfälle zu verursachen. Beurteilt werden die Teams und nicht die Einzelpersonen. Dieses Prinzip stärkt das Verantwortungsgefühl der Mitarbeiter und wirkt als *Anreizsystem*.[105]

Diese Beispiele zeigen, dass **zahlreiche Gestaltungsebenen** für das *E-Business* vorhanden sind und das Unternehmen nicht auf alle diese Ebenen einen Einfluss ausüben kann, so dass ihm in solchen Fällen nur die Möglichkeit der Anpassung bleibt.[106]

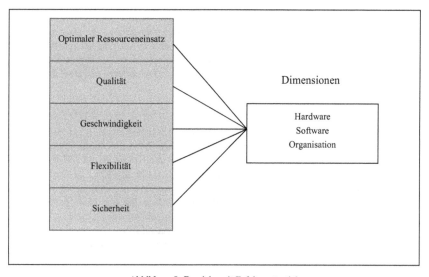

**Abbildung 8: Bereiche mit Erfolgspotential**

---

[102] Vgl. KOOP, H.H., JÄCKEL, K.K., HEINOLD, E.F. 2000 /Business E-volution/ S. 62. Die Autoren verweisen auf die Bestimmungen des *Online-* und Datenschutzrechts, sowie auf die Möglichkeiten der Betriebsspionage.

[103] Vgl. BAUMANN, M., KISTNER, A. 2000 /e-Business/ S. 293.

[104] Vgl. REBSTOCK, M., HILDEBRAND, K. 1999 /E-Business/ S. 244 f.

[105] Vgl. SCHRÖDER, F. 2000 /Unternehmens-Controlling/ S. 576 f.

[106] Vgl. PILS, M., HÖLLER, J., ZLABINGER, R. 2004 /Einführung in E-Business/ S. 15.

# 4. Gegenüberstellung von traditionellem Marktplatz und „Marketspace"

## 4.1. Veränderung der Wettbewerbsbedingungen

Durch die Innovation Internet haben sich zahlreiche Veränderungen in den Wettbewerbsbedingungen für Unternehmen ergeben. Vor allem haben sich die **Lebenszyklen** stark verkürzt. In der Mitte der 80er Jahre gab es noch große Pioniergewinne durch ein *Going Public* in der IT-Branche, die jedoch innerhalb weniger Jahre von einem schnellen Niedergang gefolgt waren. In fast allen Bereichen sind enorme Reduzierungen der Lebenszyklen durch den Einsatz der modernen Informationstechnologien gegenüber den Zykluslängen in der *Old Economy* feststellbar. Des Weiteren ist eine *Änderung des Konsumverhaltens* zu erkennen.[107]

**Elektronische Märkte** bilden zunehmend eine wichtige Grundlage für den Electronic Commerce. Sie stellen Informations- und Kommunikationssysteme zur Unterstützung von Phasen und Funktionen der marktmäßig organisierten Leistungskoordination dar. Unter der *marktmäßigen Leistungskoordination* versteht man dabei die Phasen *Anbahnung, Aushandlung* und *Abwicklung* zur Erfüllung eines Vertrages. Ein *elektronischer Markt i.e.S.* liegt vor, wenn alle Koordinationsfunktionen unterstützt werden. Das leisten die heute existierenden Märkte jedoch meist noch nicht. Sie stellen daher lediglich markt-analoge Systeme dar (sog. *elektronische Märkte i.w.S).*

Auch dem **Internet** kommt der Status eines elektronischen Marktes zu. Es kann aufgrund seiner Fähigkeiten zu Transaktion und multifunktionaler Kommunikation einen virtuellen Marktplatz darstellen, der es ermöglicht, Kontrakte und Transaktionen elektronisch abzuwickeln.[108]

Im Gegensatz zum traditionellen Marktplatz weisen die elektronischen Märkte einige **Besonderheiten** auf:[109]

- Sie stellen einen **virtuellen Begegnungsraum** (*Agorá*) für das Zusammentreffen von Anbietern und Nachfragern bereit. Dieser steht *ubiquitär*, d.h. unabhängig von Raum und Zeit, zur Verfügung. Damit wird ein wichtiges Merkmal traditioneller Märkte außer Kraft gesetzt, denn diese sind räumlich und zeitlich gebunden oder zumindest begrenzt.

- Sie können die **Markttransparenz erhöhen**, da sie den Marktteilnehmern die Beschaffung von Informationen erleichtern. Auf dem traditionellen Markt konnte es hingegen durch extreme Informationsungleichgewichte zwischen Anbietern und Nachfragern zur Benachteiligungen kommen, welche für eine Seite zu Marktvorteilen führten.

- Sie bewirken eine **Senkung der Transaktionskosten**, indem sie den Mitgliedern ermöglichen, die Leistungskoordination auf digitaler Grundlage vorzunehmen. Beispielsweise können Informations- und Kommunikationsprozesse erleichtert werden. Die Transakti-

---

[107] Vgl. PÜMPIN, C. 1992 /Strategische Erfolgspositionen/ S. 26.

[108] Vgl. MALONE, T., YATES, J., BENJAMIN, R. 1987 /Electronic Markets/ S. 484 - 497; sowie von den gleichen Autoren 1989 /The Logic of Electronic Markets/ S. 166 - 172.

[109] Vgl. FRITZ, W. 2000 /Internet-Marketing/ S. 42.

onskosten am traditionellen Markt sind im Vergleich wesentlich höher, eine Informations-beschaffung etwa mit mehr Aufwand verbunden.[110]

- Viele elektronische Märkte sind zudem **offen**, welches allerdings kein notwendiges Merkmal darstellt. Ein Ausschluss von Teilnehmern oder eine Begrenzung der Teilneh-merzahl kann jederzeit vorgenommen werden. Sie stehen jedoch aufgrund der Internatio-nalität des Internets potentiell einem größeren Publikum zur Verfügung als die traditionel-len Märkte.

Bei der **strategischen Ausrichtung** an den elektronischen Märkten muss sich ein Unterneh-men stärker an seiner inneren *Organisation* orientieren. Es benötigt dringend Ressourcen, um seine Erfolgsfaktoren sinnvoll zu nutzen. Somit wird die Frage nach dem *richtigen Einsatz von knappen finanziellen und Managementressourcen* zu einer zentralen Frage im Unterneh-men. Die relative Kompetenzstärke wird dabei zur Wertschätzung durch den Kunden in eine Beziehung gesetzt. Im angloamerikanischen Raum geht der Trend dahin, Geschäftsbereiche, in welchen Kompetenzlücken zum Marktbesten festgestellt werden, über ein *Outsourcing* an Dritte zu vergeben. Auf diese Weise versucht man, sich ganz auf seine Kernkompetenzen, die kritischen Erfolgsfaktoren, zu konzentrieren.[111]

Die Veränderungsprozesse können in ihrem Umfang sehr verschieden sein. Meist *überlagern* sie sich oder *laufen parallel* ab, so dass ein **komplexes Netz von Anpassungsprozessen** bei den Unternehmen in Gang gesetzt wird. Einige dieser Anpassungsprozesse weisen Ähnlich-keiten auf und lassen sich *standardisieren*. Generelle Phasen eines Anpassungsprozesses sind eine *Neuplanungsphase*, eine *Realisierungsphase* und eine *Umplanungsphase*. Diese Phasen können beliebig erweitert werden und orientieren sich am Lebenszyklus des Unternehmens.[112]

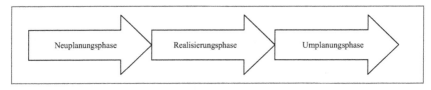

**Abbildung 9: Generelle Phasen eines Veränderungsprozesses (hier linear angeordnet)**

Aus der **Einbeziehung des Internets** in die Anpassungsprozesse haben sich neue Arbeitsme-thoden entwickelt, bestehende Organisationsformen wurden aufgesplittet und das Entwick-lungstempo erhöht.

Ein Beispiel: Um zu erkennen, dass ein Anpassungsprozess notwendig geworden ist, benötigt das Unternehmen die entsprechenden Informationen über seine ökonomische Umweltsituati-on. Das Internet ist in den letzten Jahren zu einem der wichtigsten Medien zur Informations-beschaffung geworden. Durch das Internet wird der Benutzer bei der Suche nach Informatio-nen lokal unabhängig (*Death of Distance*). Die Entfernung zwischen den Aktionspartnern spielt keine Rolle mehr. Dadurch verändert sich der Prozess der Informationsbeschaffung.[113]

---

[110] Vgl. WILLIAMSON, O. 1981 /The modern Corporation/ S. 1537-1568. Die Transaktionskostentheorie beruht auf den Ar-beiten von WILLIAMSON. Die Transaktionskosten für Information und Kommunikation setzen sich z.B. aus Anbahnungs-, Vereinbarungs-, Abwicklungs-, Kontroll- und Anpassungskosten zusammen.

[111] Vgl. LOCHMANN, H.-D., KÖLLGEN, R. (HRSG.) 1998 /Facility Management/ S. 15.

[112] Vgl. NÄVY, J. 2003 /Facility Management/ S. 27 ff.

[113] Vgl. ZERDICK, A., ET AL. 2001 /Internet-Ökonomie/ S. 213.

## 4.2.  Wandlung der Organisationsstrukturen

Wie weiter oben näher ausgeführt wurde, fand in den letzten Jahren eine Wandlung des Geschäftsprozessbegriffes hin zum *elektronischen Geschäft* statt. Das hatte in den Bereichen, in denen das elektronische Geschäft zur Anwendung kommt, entscheidende Auswirkungen auf die Organisationsstrukturen der Unternehmen.

Bereits seit dem Ende der 70er Jahre wurden in vielen Unternehmen **Veränderungen in den Prozessen der betrieblichen Leistungserstellung und Wertschöpfung** deutlich. Aufgrund der sich immer weiter beschleunigenden technologischen Entwicklung sind viele Unternehmen bis heute durch einen *hohen Automatisierungsgrad* und *intensive Wettbewerbsbeziehungen* auf den Beschaffungs- und Absatzmärkten gekennzeichnet. Außerdem nehmen die vorbereitenden, planenden, steuernden und überwachenden Tätigkeiten zu. Der Wertanteil der Dienstleistungen übertrifft inzwischen selbst bei Fertigungsunternehmen den Wertanteil der Materialverarbeitung. In der Internetökonomie werden unter Geschäftsprozessen schließlich nur noch Dienstleistungen verstanden, da eine körperliche Übergabe im virtuellen Raum ausgeschlossen ist.[114]

In Folge dieser Entwicklung rückte die *Theorie des Prozessmanagements* stärker in den Mittelpunkt der Betrachtung. Sie konzentrierte sich auf die Geschäftsprozessoptimierung, d.h. die optimale Anpassung der Organisationsstrukturen an die neuen Erfordernisse.[115]

Als Ansatzpunkte für eine Prozessoptimierung wurden zahlreiche Strategien entwickelt, welche jedoch in der Praxis oft als Mode-Trends eingestuft werden, z.B. *Customer Focus* zur kundenbezogenen Ausrichtung der Geschäftsprozesse, *Time-Quality-Management* zur Qualitätskontrolle, *Time-Based-Management* zur Verkürzung der Durchlaufzeiten oder *Supply Chain Management* zur Koordinierung der Abläufe mit den Lieferanten.[116]

Einige kleine Beispiele: Die Kundennähe sowie die Interaktionen mit dem Kunden und die Erreichbarkeit der Unternehmen wurden durch das Internet wesentlich verbessert. Zur Unterstützung der Qualitätskontrolle können regelmäßige Checklisten per *E-Mail* schnell und sicher übertragen werden, auch An- oder Abfragen per Internet sind möglich. Die Durchlaufzeiten verkürzen sich in der virtuellen Welt, da Papier nicht mehr benötigt wird. Die Bearbeitung, die Speicherung und der Versand werden durch Internet unterstützt.[117]

Durch diese Veränderungen und die mit ihnen verbundenen **Verschiebungen in der Kostenstruktur**, wurde die *Weiterentwicklung der Prozesskostenrechnung* ausgelöst.[118] Die Prozesskostenrechnung ermöglicht dem Unternehmen die verursachungsgerechte Zuordnung der angefallenen Kosten. Zusammengehörige Aktivitäten werden in Haupt- und Teilprozesse zusammengefasst, welche sich über mehrere Kostenstellen erstrecken können. Für jeden dieser Haupt- und Teilprozesse wird ein *Kostentreiber* (sog. *cost driver*) als maßgebliche Kosteneinflussgröße ermittelt, z.B. im Hauptprozess Vertrieb die Anzahl der Kundenaufträge. Ideal ist eine *proportionale* Beziehung zwischen den Kostentreibern und der Kostenverursa-

---

[114] Vgl. HOPFENBECK, W. 1998 /Betriebswirtschaftslehre/ S. 553.

[115] Vgl. HOPFENBECK, W. 1998 /Betriebswirtschaftslehre/ S. 554.

[116] Vgl. HOWALDT, J., KOPP, R., WINTHER, M. (HRSG.) 1998 /Verbesserungsprozess / S. 52 f.

[117] Vgl. WOLFF, M.-R. 1997 /Unternehmenskommunikation/ S. 19.

[118] Vgl. COENENBERG, A. 1999 /Kostenrechnung/ S. 220.

chung. Die Prozesskosten werden den jeweiligen Kostenträgern nach ihrer Inanspruchnahme zugeordnet. Damit können Unwirtschaftlichkeiten rechtzeitig aufgedeckt werden.[119]

An dieser Stelle sollen einige wesentliche Konzepte zum Prozesskostenmanagement aus neuerer Zeit kurz vorgestellt werden:

Ein allgemeines Wertsteigerungskonzept ist der *Shareholder-Value-Ansatz (SVA)*, welcher die Verzinsung des Eigenkapitals als Vorgabe für Entscheidungen wählt. Damit wird die Unternehmenspolitik an den Interessen der Eigentümer ausgerichtet (Eigentumsprinzip). Hiervon abgeleitet wird das Ziel der Gewinnmaximierung bei effizientem Kapitaleinsatz. Der *SVA* ist als fundamentales Instrument des ganzheitlich ausgerichteten strategischen Managements zu verstehen. Mit Hilfe von Branchenstrukturanalysen lässt sich zeigen, dass durch ein systematisches Kostenmanagement eine *Kostenführerschaft* erreicht werden kann. Aus den auftretenden Verknüpfungen zwischen einzelnen Wertschöpfungsprozessen können Strategien abgeleitet werden. Mit dem *SVA* ist somit ein Ansatz für die Identifizierung von Erfolgsfaktoren über die Quellen der Wettbewerbsvorteile einzelner Unternehmen und Branchen gegeben.[120]

Ähnlich arbeitet die sog. **Vorteilsmatrix der Boston Consulting Group (BCG)**. Sie führt die Wettbewerbsvorteile auf zwei Kernkriterien zurück. Diese lauten: Marktwachstum und relativer Marktanteil. Die gewonnenen Daten lassen sich in eine Vier-Felder-Matrix im zweidimensionalen Koordinatensystem einordnen. Ein Unternehmen kann sich bzw. seine Produkte mit den empfohlenen Strategien der BCG innerhalb der Felder weiterentwickeln, wobei die Erreichung des Feldes mit dem höchsten Marktwachstum und Marktanteil (sog. *stars*) von größtem Interesse für die Unternehmen ist.[121]

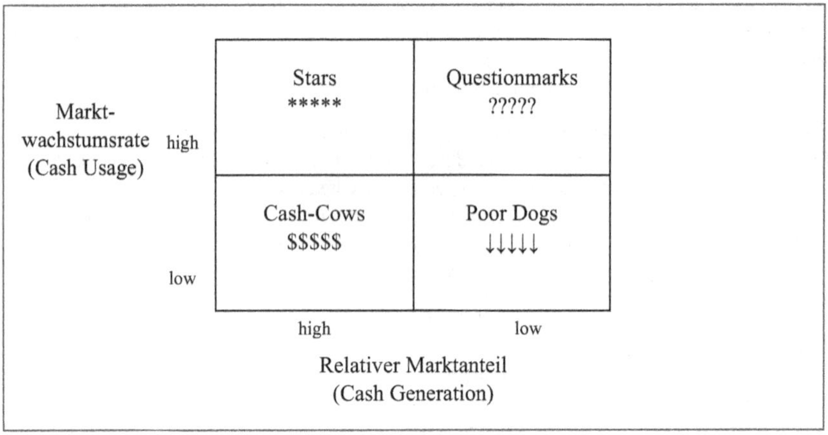

**Abbildung 10: Matrix der Boston Consulting Group**

In den 90er Jahren kam ausgehend von der japanischen Automobilindustrie die Theorie vom *Lean Management (LM)* als neue Form der Unternehmensführung ins Gespräch. Diese ba-

---

[119] Vgl. FRANZ, ST. 1994 /Informations-Management/ S. 238.

[120] Vgl. FECHTEL, A. 2001 /Management/ S. 90 ff. und S. 103.

[121] Vgl. DOMSCHKE, W., SCHOLL, A. 2003 /Grundlagen/ S. 185.

siert ebenfalls auf den Geschäftsprozessen als grundlegenden Organisationseinheiten. Die Kernaussage des *LM* besteht darin, dass zwischen den Erfolgsfaktoren Qualität, Zeit und Produktivität kein konkurrierendes, sondern ein *komplementäres* Verhältnis bestehen soll. Als Schlüsselfaktor fungiert die menschliche Arbeit. Kernelemente der Organisationsstruktur sind die Delegation von Aufgaben und flache Hierarchien. Den Mitarbeitern werden gewisse Gestaltungsspielräume gegeben, von welchen ein *kontinuierlicher Verbesserungsprozess (KVP,* auch: „*Kaizen*") ausgehen soll.[122]

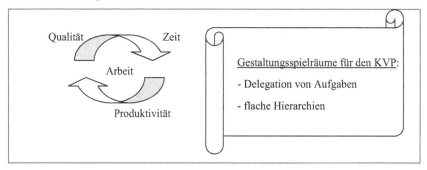

**Abbildung 11: Arbeit als verbindendes Element im Lean Management**

Kritisch wird angemerkt, dass *LM* nur einen Wettbewerbsvorteil darstellt, so lange nicht auch alle anderen Unternehmen „*lean*" organisiert sind. Sonst entwickelt sich der Markt zu einer *Darwinschen Ökonomie ohne Nischen*, in der keine Wettbewerbsvorteile entstehen können.[123]

Eine Optimierung der Prozesskosten bringt also nur solange etwas, wie ein Vorsprung gegenüber den Wettbewerbern herausgearbeitet werden kann. Das hebt wiederum die Wichtigkeit der Identifizierung von Erfolgsfaktoren bzw. Wettbewerbsvorteilen hervor, um einen solchen Vorsprung zu erzielen.

Daran ist unmittelbar die Wechselwirkung zwischen Erfolgsfaktoren und Organisationsstrukturen zu erkennen. Eine Optimierung der Organisationsstrukturen, z.B. der Kostenstruktur, erfolgt im Zuge des Anpassungsprozesses an die veränderten ökonomischen Umweltbedingungen – hier die Veränderungen durch die Einführung der Internetökonomie.

---

[122] Vgl. METZGER, R., GRÜNDLER, H.-CHR. 1994 /Spitzenniveau/ S. 36.

[123] Vgl. HAEDRICH, G., JESCHKE, B. 1994 /Management/ S. 213 f.

# 4.3.  Netzstrukturen und Netzeffekte

Aufgrund der technologischen Entwicklung und der Digitalisierung der Wertschöpfung sind vielfältige in- und externe Netzwerke entstanden. Spätestens seit der Einführung des Internets sind die Unternehmen in ihrer spezifischen Unternehmensumwelt so **komplex vernetzt**, dass sie Modelle als Bezugsrahmen benötigen, um die Folgen von Entscheidungen in ihren Zusammenhängen weiterhin zu überblicken.[124]

In Bezug auf die Kostenvorteile durch die Abwicklung von Transaktionen im Internet werden in der Literatur vor allem die sog. *Electronic Market Hypothesis*[125] mit ihrer speziellen Ausprägung, der *These der Disintermediation*, als Bezugsrahmen genannt.

Gemäß der *Electronic Market Hypothesis* wird davon ausgegangen, dass die Formen der Marktkoordination immer weiter zum freien Markt hin tendieren. Grund sind die im Internet geringen Koordinationskosten, die den Anbietern Markteintritt und Kooperationsmöglichkeiten erleichtern.[126]

Als Folge treten immer mehr kleine Anbieter in den Markt ein und die *Direct Distribution*, der Direktvertrieb ohne Einschaltung von Händlern oder anderen Intermediären, nimmt zu. Es besteht grundsätzlich sogar die Möglichkeit, ganze Handelsstufen zu überspringen, indem Hersteller sich an virtuellen Marktplätzen im Internet beteiligen, so dass es die Funktion eines *Quasi-Intermediärs* übernehmen kann. Dieses Phänomen wird als Disintermediation bezeichnet.[127]

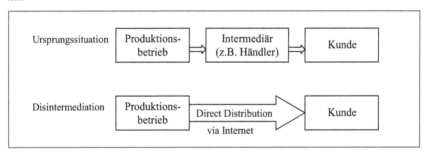

**Abbildung 12: Beispiel für Disintermediation**

MEFFERT geht davon aus, dass sich das Internet aufgrund der Disintermediation sowie seiner globalen Verfügbarkeit und steigenden Markttransparenz immer mehr einem vollkommenen Markt annähert, indem es die Informations-Asymmetrie reduziert und eine größere Flexibilität bzw. Anpassung unterstützt.[128]

Auf diese Weise gibt es neue Möglichkeiten, das Internet in die Organisationsstrukturen zur Distribution von Produkten einzubinden. Es entstehen sog. *Absatzhybriden*, wie z.B. der

---

[124] Vgl. FRISCHMUTH, J., ET AL. 2001 /Strategien für neue Geschäftsmodelle/ S. 172.

[125] Vgl. RAYPORT, J.E., SVIOKLA, J.J. 1994 /Managing the Marketspace/ S. 141-150.

[126] Vgl. PICOT, A., REICHWALD, R., WIEGAND, R.T. /Die grenzenlose Unternehmung/ S. 328.

[127] Vgl. ZERDICK, A., ET AL. 2001 /Internetökonomie/ S. 149 f.

[128] Vgl. MEFFERT, H. 2000 /Neue Herausforderungen/ S. 130.

Mehrkanalvertrieb, welche dem Hersteller den Aufbau einer eigenen Vertriebsorganisation erleichtern.[129]

Im Vertrieb auf elektronischen Märkten sind **zwei entgegenstrebende Entwicklungen** erkennbar. Einerseits sind die Unternehmen durch die stärkere Markttransparenz aufgefordert, sich im gesteigerten Wettbewerb auf ihre Erfolgsfaktoren zu konzentrieren, andererseits werden Kooperationen geschlossen, um die Netzeffekte besser auszunutzen. Als Resultat dieses Dilemmas sagt WILDEMANN die Verlagerung des Wettbewerbes *zwischen Unternehmen* auf einen Wettbewerb *zwischen Wertschöpfungsprozessen* (und damit den in einem Verbund stehenden Unternehmensnetzwerken) voraus.[130] Die steigende Bedeutung der Geschäftsprozessoptimierung wird daran wieder einmal deutlich.

Aufgrund der *hohen Netz- und Skaleneffekte* können nur diejenigen Unternehmen am Markt bestehen, welche frühzeitig Zugang zu den Zahlungsströmen erlangen. Die traditionellen Wertschöpfungsmöglichkeiten in Unternehmen werden somit quasi „*ausgehöhlt*".

**Abbildung 13: Entgegenstrebende Entwicklungen im Internet**

Versuche zur Lösung dieses Problems stellen **Wertschöpfungsmodelle zur speziellen Ausschöpfung der Netzeffekte** dar. An dieser Stelle folgt die Vorstellung eine kleine Auswahl solcher Modelle für das E-Business:[131]

- *Supply Chain Management (SCM)*
  Das Ziel des *SCM* ist eine unternehmensübergreifende Koordination und Synchronisation der Informations- und Materialflüsse zur Kosten-, Zeit- und Qualitätsoptimierung. Es betrachtet die Prozesse von der Rohmaterialgewinnung und Beschaffung über die Produktion bis hin zur Entsorgung. Ein Unternehmen soll sich im Verbund mit anderen Unternehmen auf seine Erfolgsfaktoren konzentrieren. Möglichkeiten bestehen, wie bereits weiter oben dargestellt, im *Outsourcing* von Unternehmensaufgaben und der *Kooperation* mit Geschäftspartnern.

---

[129] Vgl. SCHÖGEL, M. 1997 /Mehrkanalsysteme/ S. 22. Dieser versteht unter einem Mehrkanalsystem die Ausnutzung des Zusammenspiels mehrerer Absatzkanäle durch den Hersteller. Auf diese Weise findet eine Kombination alter und neuer Absatzkanäle sowie Intermediärer statt.

[130] Vgl. WILDEMANN, H. o.J. /Supply Chain Management/ S. 1.

[131] Vgl. EGGERS, B., HÖPPEN, G 2001 /Strategisches E-Commerce-Management/ S. 335.

Grundlegende Voraussetzung ist die *Informationstransparenz* innerhalb des Unternehmens. Eine verzerrte Weitergabe von Informationen würde auf den nachgelagerten Produktionsstufen zu Unwirtschaftlichkeiten führen.

Die gesteigerte Transparenz wirkt sich unmittelbar auf den Geschäftsprozess aus. Beispielsweise können mit Hilfe von *Workflow*- und Dokumentenmanagement-Systemen Projektdokumente bereits während der Projektlaufzeit weltweit von allen berechtigten Mitarbeitern eingesehen werden. Die klassischen Umlaufverfahren werden dadurch abgeschafft. Wesentliche Zeitersparnisse von bis zu 30 Prozent bei den *Durchlaufzeiten* sowie eine erhebliche Reduktion der *Redundanzen* (auf bis zu 25 Prozent) können erreicht werden.[132]

Die *Vorteile für das eigene Unternehmen* liegen im ständigen Zugriff auf die neuesten Informationen, Planungssicherheit durch Planungssysteme, globaler Finanzplanung, einer Organisation ausgerichtet an der *Supply Chain*, Dezentralisierung und kurzen Reaktionszeiten.

Die *Vorteile für den Unternehmensverbund* liegen in der Reduzierung der informationslogistischen Kosten, weniger Papierverwendung, Senkung der Bestände, größere Flexibilität und mehr Kundenservice.[133]

Diese positiven Ergebnisse sind auch übertragbar auf die *finanzwirtschaftlichen Prozesse*.[134]

- **Konzept der innovativen/räumlichen Cluster**
  *Innovative Cluster* sind eine spezifische Form der interaktiven Zusammenarbeit auf regionaler Ebene. Sie bezeichnen geografische Konzentrationen von verbundenen Unternehmen und Institutionen in einem bestimmten Wirtschaftszweig. Es findet eine räumliche Agglomeration von Unternehmen entlang des Leistungsprozesses statt.[135]

  Gemäß den neuen Wachstumstheorien breitet sich innovatives Wissen eher kleinräumig aus. Die *Face-to-Face-Kontakte* bringen den Unternehmen Vorteile bei der Zusammenarbeit und dem Erfahrungsaustausch bezogen auf regionale Besonderheiten.

  Solche *innovativen Cluster* einzelner Regionen können ihnen im globalen Wettbewerb Vorteile verschaffen. Sie bilden sich meist spontan aufgrund von Eigeninitiativen. Statistische Untersuchungen zeigen, dass *innovative Cluster* in allen Wirtschaftsbereichen auftreten können. Sie bilden eine Chance für KMU am internationalen Wettbewerb teilzunehmen.

- *Web Content Management (WCM)*
  Ein *interaktives Content Value Web* ist ein System, in welchem die Endnutzer von *Online*-Dienstleistungen im Mittelpunkt stehen, aber das Verhältnis der Beteiligten und die Rahmenbedingungen eine vernetzte Struktur bilden.

---

[132] Vgl. BACH, V., ÖSTERLE, H, VOGLER, P. (HRSG.) 2000 /Business Knowledge Management/ S. 56.

[133] Vgl. WILDEMANN, H. o.J. /Supply Chain Management/ S. 4 f.

[134] Vgl. EGGERS, B., HÖPPEN, G 2001 /Strategisches E-Commerce-Management/ S. 335.

[135] Vgl. PORTER, M.E. 1999 /Wettbewerbsvorteile/ S. 561 ff.

Die Segmente im _Value Web_ werden nicht als statisch verstanden, sondern als dynamische, sich ständig wandelnde „Anhäufungen" von Aktivitäten. Sie ändern sich mit dem stetigen Fluss der Prozesse des Unternehmens.

Beim _WCM_ geht es um die Aufbereitung der eigenen Web-Inhalte (_web content_). Die Elemente bilden eine zukunftsorientierte Architektur, die Analyse der Prozesse und der Anforderungen sowie die Integration der bestehenden Anwendungen und Systeme. Das angestrebte Ziel besteht in einer Vereinheitlichung der Struktur. Ein Beispiel für eine Funktion im _WCM_ sind die sog. _Cookies_. Sie speichern die individuellen Einstellungen, welche der Nutzer beim letzten Besuch der Internetseite verwendet hat.[136]

Für den Bereich des **Electronic Marketing** ergeben sich u.a. durch diese innovativen Strategien neue Möglichkeiten, um Kunden zieladäquat anzusprechen. Gleichzeitig vermehrt sich jedoch auch der Konkurrenzdruck durch die Wettbewerber aufgrund der geringen Markteintrittsbarrieren.

Daher wird in Zukunft der richtige **Marketing-Mix** für den Erfolg eine entscheidende Bedeutung haben. Die konventionellen Marketing-Maßnahmen erweisen sich zumeist als wenig geeignet für die komplexen Anforderungen der Internetökonomie und dem in ihr sehr rasch fortschreitenden Wandel der ökonomischen Umweltbedingungen.

Zur Ausnutzung der Netzeffekte sollte daher auf die neueren Marketing-Instrumente des E-Commerce zu Produktangebot und Preisgestaltung zurückgegriffen werden, welche speziell auf die Internetökonomie zugeschnitten sind. Besonders die Interaktivität mit dem Kunden eröffnet in diesem Sinne völlig neue Möglichkeiten für den Einsatz von E-Business-Lösungen.[137]

In der praktischen Anwendung von E-Business-Lösungen sind die bekanntesten und umsatzstärksten **Geschäftsbeziehungen** und Vernetzungen der Unternehmen in der Internetökonomie in den Bereichen B2B und B2C zu finden. Diese beiden Bereiche sollen hier kurz erklärt werden, um das Verständnis für die Geschäftsprozesse und die Veränderung der Organisationsstrukturen in diesen Bereichen zu erhöhen: [138]

- _**Business to Business (B2B)**_
  Unter B2B werden die Beziehungen von Unternehmen untereinander verstanden. Grundlage ist die klassische Beziehung zwischen Kunde und Lieferant. Diese wurde über diverse Modelle weiterentwickelt. Den Höhepunkt der Entwicklung stellt z.Zt. die _virtuelle Community_ dar. Über den elektronischen Geschäftsverkehr werden letzten Endes alle unternehmerischen Prozesse erfasst. Die Interaktion erfolgt innerhalb von zwischenbetrieblichen Geschäftsprozessen. Damit ist ein großer Effekt für die Leistungserstellung der Unternehmen verbunden. Solche Effekte bilden das Potential für eine Optimierung der unternehmerischen Wettbewerbsposition am Markt.[139]

---

[136] Vgl. EGGERS, B., HÖPPEN, G 2001 /Strategisches E-Commerce-Management/ S. 335.

[137] Vgl. HERMANNS, A., SAUTER, M. 1999 /Electronic Commerce/ S. 5 f.

[138] Vgl. HÖLLER, J., PILS, M., ZLABINGER, R. (HRSG.) 1999 /Internet/ S. 67ff; Zwißler, S. 2002 /Electonic Commerce/ S. 11. Die Kommunikationspartner in den einzelnen Geschäftsfeldern werden grob unterschieden in Gewerbliche (Business), Private (Customer oder Consumer), öffentliche Verwaltungen (Authority), Bürger eines Verwaltungsbezirkes (Citizens) und betriebliche Angestellte (Employee).

[139] Vgl. BAUMANN, M., KISTNER, A. 2000 /E-Business/ S. 339 f.

- **Business to Consumer (B2C)**
  Diese umfassen die Beziehungen zwischen Unternehmen und ihren Kunden. Privatpersonen haben andere Bedürfnisse als Unternehmen und sind in vielschichtige soziale Strukturen eingebettet. Maßgeblich geht es im *B2C* um den *E-Commerce*, somit primär *Online-Shopping* und *Online-Auftritt* des Unternehmens.[140]

Der Schwerpunkt der Informationsangebote liegt dabei auf den Angeboten für Privatkunden. Zunächst dominierte die Orientierung am Endverbraucher, d.h. das B2C, obwohl allgemein angenommen wird, dass das B2B in Zukunft die größeren Umsätze erwirtschaften wird.[141]

---

[140] Vgl. HOPFENBECK, ET AL. 2001 /Wissensbasiertes Management/ S. 95. Das Internet ist neben einem leistungsfähigen Informationskanal auch ein Vertriebskanal zur vollständigen Transaktionsabwicklung. Die Autoren beziehen sich vor allem auf das *Direct-Marketing*.

[141] Vgl. HÖLLER, J., PILS, M., ZLABINGER, R. (HRSG.) 1999 /Internet/ S. 69.

# 5.    Erfolgsfaktoren im E-Business

## 5.1.    Veränderungen bei den Erfolgsfaktoren

Um darzustellen, wie sich die Erfolgsfaktoren durch das Aufkommen der Internetökonomie geändert haben, wird zunächst die Wirkungsweise von Erfolgsfaktoren im Allgemeinen als Ausgangspunkt genommen.

Erfolgsfaktoren wirken auf die Geschäftsprozesse einer Unternehmung ein. Sie führen zu einer **Veränderung der strategischen Zielvorgaben**, indem sie die Stärken und Schwächen des Unternehmens aufzeigen und Potentiale für die optimale Ausgestaltung der Abläufe eines Unternehmens sowie seiner Organisation eröffnen. Die Optimierung der Erfolgsfaktoren soll ein Garant dafür sein, dass ein Unternehmen langfristig am Markt erfolgreich ist.[142]

**Allgemein** dargestellt wirken Erfolgsfaktoren auf bestimmte Geschäftsprozesse eines Unternehmens und verändern damit den Prozessablauf. Indem die Geschäftsprozesse den neuen Bedingungen unterworfen werden, richtet das Unternehmen seine Maßnahmen an den neuen Erfolgsfaktoren aus. Würde es diese Anpassung unterlassen, könnte es von Wettbewerbern, welche ihren Geschäftsbetrieb bereits neu ausgerichtet haben, vom Markt verdrängt werden.[143]

Der gesamte Geschäftsprozess sowie die Organisationsstrukturen der Unternehmen erfahren eine **Umgestaltung** aufgrund der neuen ökonomischen Umweltbedingungen in der Internetökonomie:

Klassische Barrieren der Wirtschaft werden durch die *Digitalisierung* und *Netzwerkbildung* beseitigt. Das Leistungsangebot der Unternehmen bezieht sich nicht mehr auf Einzelleistungen, sondern auf den *gesamten Wertschöpfungsprozess*. Der Kunde erhält dadurch einen Zusatznutzen, indem er neben dem Produkt auch alle mit ihm in Zusammenhang stehenden Service-Leistungen inklusive erwirbt. Unter Verwendung eines Kundenprofils wird die gesamte Kommunikation mit dem Kunden vom Marketing bis zum *After-Sales-Service* auf seinen individuellen Bedarf abgestimmt.[144]

Wie bereits weiter oben dargestellt wurde, hat sich zwar das Wirtschaften durch die Einführung des Internets nicht grundsätzlich geändert, aber trotzdem sind die **Erfolgsfaktoren nicht gleich geblieben.**

Die Erfolgsfaktoren wechseln in ihrer Bedeutung, sobald sich die *ökonomische Umweltsituation* für ein Unternehmen ändert. Wie gezeigt wurde, sind die Wirtschaftsbedingungen in der Internetökonomie andere als in der *Old Economy* vor Einführung des Internets. Dem entsprechend kam es zwangsläufig zu einer Veränderung der Zusammensetzung der Erfolgsfaktoren in den Unternehmen.[145]

---

[142] Vgl. BUZZELL, R., GALE, B. 1989 /PIMS-Programm/ S. 17.

[143] Vgl. BACH, V., ÖSTERLE, H, VOGLER, P. (HRSG.) 2000 /Business Knowledge Management/ S. 11 f.

[144] Vgl. ÖSTERLE, H. 2000 /Service-Portal/ S. 168-176.

[145] Vgl. HOFMANN, U. 2001 /Netzwerkökonomie/ S. 153 f. Der Autor beschreibt dort die Entstehung von sechs Erfolgsfaktoren neuer Geschäftsmodelle in der Internetökonomie.

# 5.2. Strategien im E-Business

Die Internetökonomie hat die Regeln des Wirtschaftens maßgeblich beeinflusst.

PICOT hat eine Liste von zehn Merkmalen zusammengestellt, die seiner Ansicht nach für die **neue Qualität des Wirtschaftens** symptomatisch sind und neue Strategien in der Internetökonomie hervorgebracht haben:[146]

1. **Möglichkeit der Kostenreduktion**
   Als erster Ansatzpunkt sind die erheblichen Kosteneinsparungen durch den Einsatz der modernen Internettechnologie zu nennen.[147] Die in den letzten fünfundzwanzig Jahren feststellbare enorme Kostensenkung für Produkte der Informationstechnologie war die bisher schnellste der Wirtschaftsgeschichte. Gleichzeitig stieg die Technologieleistung und brachte neue informationsintensive Produkte hervor. Die Unterstützung der Unternehmensaktivitäten durch die Internetökonomie führt zu neuen Formen der Wertschöpfung und massiven Produktivitätssteigerungen.[148]

2. **Digitalisierung**
   Die alten Strategien werden durch die Schifrierung von Produktdaten in digitalen Bits zum Teil unwirksam. Typische Produktionsverfahren für körperliche Gegenstände, klassische Produktionsmittel und der Standort eines Unternehmens verlieren im Internet ihre Bedeutung. *Kosten* für Lagerung und Transport verringern sich, da die Verschickung und Aufbewahrung von Daten auf geringstem Raum möglich ist.[149]

   Der Zeitfaktor spielt im virtuellen Raum ebenfalls nur noch eine untergeordnete Rolle und geht gegen Null. *Zeitersparnisse* waren immer ein bedeutender Wettbewerbsfaktor im Wirtschaftsleben. Das Internet erfüllt einerseits die Erwartungen, indem es schnelle Kommunikation ermöglicht und damit die Durchlaufzeiten von Geschäftsvorgängen wesentlich verkürzt, andererseits werden die Unternehmen unter Druck gesetzt, die Inhalte ihrer Angebote ständig zu aktualisieren, um das Interesse der Kunden zu erhalten.[150]

   Bei der Bürokommunikation können besonders große Spareffekte bewirkt werden. Die *Übertragungszeiten* gehen gegen Null. Eine *E-Mail* erreicht den Empfänger direkt auf seinem persönlichen Bildschirm. Bild- und Ton-Übertragungen ermöglichen Konferenzen über große Entfernungen und Kontinente hinweg. Der Austausch von Informationen und Qualitätsdaten wird wesentlich erleichtert und beschleunigt.[151]

---

[146] Vgl. ZERDICK, A., ET AL. 2001 /Internetökonomie/ S. 1 f. Diese Strategien wurden anhand von Literatur überprüft und die Verweise ergänzt.

[147] Anm. d. Verf.: Dabei sind die Kosten in Europa relativ hoch. Man spricht sogar vom Kostenfaktor 20 gegenüber den USA. Vgl. BAUMANN, M., KISTNER, A. 2000 /e-Business/ S. 120 f.

[148] Vgl. SAUTER, M. 1999 /Electronic Commerce/ S. 103.

[149] Vgl. HOFMANN, U. 201 /Netzwerkökonomie/ S. 3.

[150] Vgl. RIGGERT, W. 1998 /Informationskonzepte /S. 30.

[151] Vgl. BAUMANN, M., KISTNER, A. 2000 /e-Business/ S. 489.

3. **Neue Spezialisierung und Arbeitsteilung**

Durch den technologischen Wandel hat sich der internationale Wettbewerb verschärft. Die Unternehmen stellen fest, dass es schwieriger wird, autonome Strategien zu entwickeln und die jeweiligen Geschäftsfelder selbständig zu bearbeiten. Bei der inner- und zwischenbetrieblichen Organisation sind zwei gegenläufige Trends erkennbar: Einerseits wird die *Arbeitsteilung bei Routineaufgaben* aufgrund stärkerer Automatisierung verringert. Hingegen können sich die *Aktivitäten auf Unternehmensebene* aufgrund von Vernetzungen mit anderen Unternehmen vergrößern. Eine logische Folge hiervon sind *Kooperationen*.[152]

Des Weiteren ist eine große Anzahl *neuer Produkte und Dienstleistungen* erst mit der fortlaufenden Weiterentwicklung von *E-Business* entstanden. Hierzu zählen die *Provider* im Bereich der Telekommunikation, Suchmaschinen, Themenplattformen, elektronische Versteigerungen herkömmlicher Waren, die neuen Angebote der Buchverlage, etc. Diese neuen Unternehmen schaffen Arbeitsplätze für zahlreiche Mitarbeiter sowohl in den neuen technologieorientierten Berufen, als auch bei den herkömmlichen Arbeiten (z.B. Versand, Service).[153]

Für die Organisations- und Führungsebene des Unternehmens bedeutet die Internetökonomie zunehmende Flexibilität bei der *Kontrollfunktion*. Zugriffszahlen und Nutzungszeiten können gemessen und ausgewertet werden. Auftragserteilungen und Statusabfragen werden durch das Internet beschleunigt. Andererseits beschränkt das sog. Intranet die Mitarbeiter im Internetzugriff auf bestimmte interne Inhalte und Bereiche, so dass ein groß angelegter Missbrauch verhindert wird. Auf strategischer Ebene sind neue Unternehmensmodelle und Produkte denkbar, wie weiter oben bereits beschrieben.[154]

4. **Neue Kooperationen und Netze**

Mit Hilfe des Internets sind vielschichtige Kooperationen möglich, welche früher mit hohen Transaktionskosten verbunden waren. Die Kosten können durch den Einsatz des Internets erheblich gesenkt werden. Das betrifft vor allem die *virtuellen Unternehmenszusammenschlüsse*. Nicht mehr die räumliche und sachliche Struktur einer Aufgabe steht im Vordergrund, sondern der Ablauf der Prozesse. Folglich verschieben sich die Unternehmensgrenzen in andere Organisationen hinein, z.B. bei *Subcontracting* oder grenzüberschreitende *Joint Ventures*. Der Vorteil für Unternehmen besteht darin, dass sie sich auf ihre Kernkompetenzen konzentrieren können.

Ein Extrembeispiel ist das „*Outsourcing*". Gewisse Ressourcen, meist im Verwaltungsbereich, im Vertrieb oder bei F&E, können von den Partnern gemeinsam genutzt werden. Dabei sind die innerbetriebliche Kommunikation und die externen Beziehungen des Unternehmens aufeinander abzustimmen. Dadurch ergeben sich Möglichkeiten für die Rationalisierung, z.B. durch die Verringerung von Medienbrüchen, geringere Erfassungszeiten, Fehlervermeidung und erhöhten Informationszugriff.[155] Wichtig ist eine sachliche und zeitliche Abstimmung, um die größte Effizienz zu erzielen.[156]

---

[152] Vgl. HOPFENBECK, W., ET AL. 2001 /Wissensbasiertes Management/ S. 96 f.

[153] Vgl. ROSENTHAL, D. 1999 /Internet/ S. 100.

[154] Vgl. ALT, R., ÖSTERLE, H. 2004 /Real-time Business/ S. 7, 20 f.

[155] Vgl. BAUMANN, M., KISTNER, A. 2000 /e-Business/ S. 334 f.

[156] Vgl. HÖLLER, J., PILS, M., ZLABINGER, R. (HRSG.) 1999 /Internet/ S. 68, 258.

Entscheidungsprozesse sollten dezentralisiert ablaufen, so dass auf Wettbewerbsveränderungen schneller reagiert und eine höhere Kundennähe geschaffen werden kann. Daraus entstehen vor allem Vorteile für kleine und mittlere Unternehmen, die nun auch *international* tätig sein können. [157]

Hauptziel der Kooperation ist die *Zusammenführung von Ressourcen*, z.B. Erhöhung der Kapitalausstattung, bei gleichzeitiger Verringerung der Risiken für einen Fehlschlag. Andere Gründe liegen in geringer Auslandserfahrung des Personals, Kostenvorteilen oder der gemeinsamen Nutzung von Technologien. Die Notwendigkeit der Zusammenarbeit zur Gewinnung von Wettbewerbsvorteilen wird von den Unternehmen erkannt und in vielfältiger Art umgesetzt.[158]

Die **Suche nach geeigneten Kooperationspartnern** gestaltet sich jedoch oft schwierig. Es sollten solche Partner gewählt werden, welche das eigene Stärken-Schwächen-Profil durch sog. *komplementäre Kompetenzen* sinnvoll ergänzen. Interessenskonflikte sind im Vorfeld auszuräumen. Dabei ist zu berücksichtigen, dass auch indirekte Konkurrenzeffekte auftreten können. Zudem sollte berücksichtigt werden, dass die Unternehmenskulturen zueinander passen und die Kompetenzen eindeutig verteilt sind.[159]

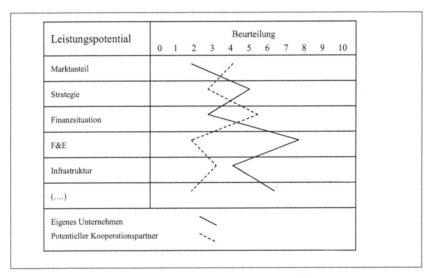

**Abbildung 14: Beispiel für ein Stärken-Schwächen-Profil**

[157] Vgl. HÖLLER, J., PILS, M., ZLABINGER, R. (HRSG.) 1999 /Internet/ S. 279-282.

[158] Vgl. KIESER, A., OECHSLER, W. 1999 /Unternehmungspolitik/ S. 259, sowie HOFMANN, U. 2001 /Netzwerkökonomie/ S. 5

[159] Vgl. KIESER, A., OECHSLER, W. 1999 /Unternehmungspolitik/ S. 260.

Eine Kooperation kann nur dann langfristig erfolgreich sein, wenn nicht einer der Partner versucht, den anderen zu dominieren, sonst enden Kooperationen mit dem Verdrängen des schwächeren Partners. [160]

5. **Economies of Scale und Scope**

Das Internet als informationstechnisches Netzwerk bildet *Netzeffekte*, welche umso größer sind, je mehr Teilnehmer am Markt existieren. Die Erstellung digitaler Produkte ist zunächst sehr aufwendig, aber die Kosten jeder weiteren Kopie gehen gegen Null. Damit scheint das ökonomische *Prinzip der Knappheit* außer Kraft gesetzt. Die entstehenden *Economies of Scale* (Größenvorteile) lassen sich i.d.R. nur durch externes Wachstum nutzen. Die Unternehmen, welche planen, zusätzliche Größenvorteile zu nutzen, neigen daher zu Fusionen und Übernahmen. Aus diesen Strategien ergeben sich wiederum *Economies of Scope* (Verbundvorteile), indem die Unternehmensorganisation nach der Fusion optimiert wird. Hier finden sich Synergieeffekte vor allem bei der Zusammenarbeit von virtuellen Unternehmen mit klassischen Dienstleistern (z.b. Transportfirmen). [161]

6. **Vorteile durch Standards**

Die Marktführerschaft kann in der Internetökonomie nur durch *Kunden-Lock-in's* erzielt werden, d.h. lediglich Unternehmen, denen es gelingt, den Kunden trotz der großen Markttransparenz an sich zu binden, können dauerhaft am Markt bestehen.

Ein Unternehmen kann seine Kunden z.b. mit Hilfe von *de-facto-Standards* an sich binden, solange es die Nachahmung der Standards unterdrücken oder lizenzieren kann (Beispiel: Strategien des US-Unternehmens *Microsoft*). Diese Bindung wird jedoch durch Konvertierungsprogramme und plattformunabhängige Dienste relativiert (Beispiel: Betriebssystem *Linux* in Konkurrenz zu *MS-Windows*). [162]

7. **Neue Preis- und Erlösstrategien**

Der *European Communication Council Report* von 1999 stellt fest, dass klassische Unternehmensstrategien zunehmend unwirksam werden. Er beschreibt in diesem Zusam-

---

[160] Vgl KIESER, A., OECHSLER, W. 1999 /Unternehmungspolitik/ S. 257 f. Die schwächste Form der Kooperation stellt das *Joint Venture* dar. Ein Partnerunternehmen im Ausland agiert für das verbundene Unternehmen im Inland, bleibt jedoch rechtlich selbständig. Kooperationsformen ohne Kapitalbeteiligung ergeben sich vielfach aufgrund von *projektorientierten Verträgen*, welche die Zusammenarbeit von einem bestimmten Projekt abhängig machen, *generellen Lieferverträgen*, die auf die Bedingungen im Ausland zugeschnitten sind, und sog. *Technologieverträgen*, welche von der Beratung und Hilfestellung bei technischen Vorhaben bis hin zu Lizenzverträgen reichen. Die in der Praxis weit verbreitete Form der *strategischen Allianz* tritt sowohl *mit* als auch *ohne* Kapitalbeteiligung auf. Beide Partner bleiben rechtlich selbständig. Die Unternehmensaktivitäten werden vom Konzern und vom Markt bestimmt. Die Kooperation besteht nicht auf Dauer, sondern ist auf die Erreichung eines bestimmten Zieles ausgerichtet. Meist sind nur Teile der beiden Organisationen in die Allianz involviert. Es lassen sich drei Grundformen von strategischen Allianzen unterscheiden. *Horizontale* strategische Allianzen arbeiten auf der gleichen Stufe der Leistungserstellung zusammen, z.B. bei F&E oder im Absatz. *Vertikale* strategische Allianzen kooperieren auf unterschiedlichen Stufen. Bei *konglomeraten* strategischen Allianzen besteht gar keine Verbindung zwischen den Geschäftsfeldern, wodurch Synergieeffekte stark eingeschränkt werden. Sie sind daher äußerst selten. Vgl. hierzu auch: HOFMANN, U. 201 /Netzwerkökonomie/ S. 5. KOOP, H.J., JÄCKEL, K.K., HEINOLD, E.F. 2000 /Business E-volution/ S. 29 f, sowie HOPFENBECK, W. ET AL. 2001 /Wissensbasiertes Management/ S. 419 f. Die Abgrenzungen zwischen den einzelnen Organisationsformen verschwimmen zunehmend.

[161] Vgl. FRITZ, W. 2000 /Internet-Marketing/ S. 14.

[162] Vgl. HOPFENBECK, W. ET AL. 2001 /Wissensbasiertes Management/ S. 300.

menhang besondere Strategien für Unternehmen in der Internetökonomie. Hier einige Beispiele:[163]

- Mit der *Preisstrategie „follow the free"*, d.h. der unentgeltlichen Überlassung von Produkten, ist es möglich, den Markt schnell zu durchdringen und ggf. *Lock-in's* sowie positive *Netzeffekte* zu erzielen.

- Zahlreiche Unternehmen arbeiten mit einer *Kombination aus Kostensenkungs- und Differenzierungsstrategie*, indem sie einerseits die Vorteile von Vernetzung und Kooperation zur Kostensenkung nutzen und andererseits die Kundenwünsche bei der Produktion stärker berücksichtigen.

- Weitere strategische Konzepte sind der *Einsatz von Agentensystemen, kollaborativen Filtern* und *Interaktionsangeboten* für den Kunden.

**Der Einsatz neuer Strategien bedeutet jedoch nicht, dass die traditionellen Wirtschaftsregeln vernachlässigt werden können. Dieser Irrtum war ein zentraler Grund für den „E-Ruin" vieler Unternehmen des sog. Neuen Marktes.[164]**

8. **Steigende Marktmacht des Kunden (*reverse economy*)**
   Die Beziehung zum Kunden wird durch ein reichhaltiges Informationsangebot über das Internet verbessert. Hierzu gehören vor allem Produktinformationen (z.b. beim Handy-Kauf) und *Post-Sales*-Betreuung. Auch der *Tracking-Service* vieler Paketdienste wurde von dem Kunden positiv aufgenommen. Es fällt den Unternehmen schwerer, dem Kunden gegenüber ein künstliches Image aufzubauen, da dieser die Tatsachen direkt *online* überprüfen kann. Daraus folgt, dass nur diejenigen Unternehmen erfolgreich sind, welche eine entsprechende *Transparenz* anbieten. Der Kunde erhält hierdurch eine neue Marktmacht zugewiesen.[165]
   Ein weiteres Kriterium ist die Möglichkeit zur *Interaktivität*. Der Kunde kann mit dem Unternehmen in einen interaktiven Kontakt treten, direkte Anfragen stellen und auch Kritik äußern. Aufgrund von Vergleichen besonders bei Preis und Qualität ist er in der Lage, seine Markttransparenz zu erhöhen. Zudem kann er in der Internetökonomie sogar selbst als Anbieter auftreten (siehe Internetauktionen, Beispiel: *e-bay*).[166]

9. **Individuelle Produktstrategien**
   Die Wünsche der Kunden können zunehmend in spezifischer Weise erfüllt werden. Auf dieser Möglichkeit fußen individuelle Kundenbeziehungen. Eine preiswerte Strategie zur Produktdifferenzierung ist das *Versioning*. Die Unternehmen veröffentlichen verschiedene Versionen ihrer Produkte für die unterschiedlichen Kundentypen und deren Bedürfnisse (z.B. Profi-Version und Anfänger-Version).[167]

   Aufgrund der Interaktivität zwischen Anbieter und Nachfrager sind außerdem besondere Berücksichtigungen von *Kundenwünschen* bei der Produktgestaltung möglich. Im Extremfall werden Sonderanfertigungen für einen speziellen Kunden angeboten (*One-to-*

---

[163] Vgl. ZERDICK, A., ET AL. 2000 /E-Conomics/ S. 16.

[164] Vgl. EGGERS, B., HOPPEN, G. 2001 / E-Commerce-Management/ S. 6.

[165] Vgl. EGGERS, B., HOPPEN, G. 2001 / E-Commerce-Management/ S. 68, 262 f.

[166] Vgl. HERMANNS, A., SAUTER, M. 1999 /Electronic Commerce/ S. 5.

[167] Vgl. HOFMANN, U. 2001 /Netzwerkökonomie/ S. 4. Auf diese Weise findet eine Individualisierung auf den Massenmärkten statt.

*One-Marketing).* Das trifft im Internet vor allem auf Software-Produkte zu, welche an bestehende Betriebsverhältnisse angepasst werden. Durch **Modulbildung** brauchen nicht alle Programmteile komplett ausgetauscht werden.[168]

## 10. Virtuelle Community

Eine sinnvolle Weiterentwicklung des traditionellen Konzeptes der Kooperation stellt die Schaffung einer sog. virtuellen Unternehmung *(virtuellen Community)* dar.[169] Die Partner arbeiten zeitlich begrenzt zusammen, um ein festgelegtes Ziel zu erreichen.[170] Danach wird die virtuelle Unternehmung wieder aufgelöst oder läuft in einer neuen Zusammensetzung weiter. Für die Zusammenarbeit benutzen die Mitglieder die neuesten Techniken auf dem Gebiet der Informations- und Kommunikationstechnologie (IKT).[171]

Die *Zutrittsbarrieren* in der Internetökonomie sind gering. Es ist wenig Kapital erforderlich und die Marktteilnehmer sind über das Internet leicht erreichbar. Eine Folge davon war vor allem in den 90er Jahren die Bildung vieler kleiner *Internet-start-up*-Firmen. Ein großer Teil dieser Unternehmen verschwand jedoch aufgrund einer zu geringen Kapitalausstattung und mangelnder kaufmännischer Erfahrung der Gründer wieder vom Markt bzw. wurde von großen Konkurrenten erworben und weitergeführt.[172]

**Die zehn Kriterien des European Communication Council Reports bedürfen einer *Ergänzung.* Ein zusätzliches, elftes Qualitätsmerkmal stellt die Globalisierung dar, die unter Punkt 4 im Vergleich zu ihrer hohen Bedeutung nur unzureichend ausgeführt wird:**

## 11. Globalisierung

Die *Globalisierung* der Wirtschaft wird durch das Internet vorangetrieben. Räumliche Begrenzungen, wie sie früher für die Kommunikationsmöglichkeiten in Vertrieb und Marketing galten, fallen weg. Gleichzeitig steigt auch der Wettbewerbsdruck für die Unternehmen. Durch die Entstehung von elektronischen Marktplätzen und die fortschreitende Entwicklung von Anwendungen im *E-Business* findet eine Veränderung der Märkte statt. Das Angebot an Informationen für den Benutzer nimmt zu.[173]

Inzwischen findet fast ein Drittel des Welthandels zwischen Konzernen statt. Das bedeutet, internationale Aktivitäten und Wettbewerber spielen eine steigende Rolle bei der Entwicklung von strategischen Wettbewerbsvorteilen. Einerseits sind die Unternehmen gezwungen, sog. *Lokalisierungsvorteile* zu bewirken, indem sie ihre Produkte und Dienstleistungen an die lokalen Anforderungen und Kundenbedürfnisse des jeweiligen Ziellandes anpassen. Andererseits nutzen sie durch Zentralisierung (z.B. beim Vertrieb) und Kooperation (z.B. in Form von *Joint Ventures) Globalisierungsvorteile*, um wettbewerbsfähig zu sein.[174]

---

[168] Vgl. HERMANNS, A., SAUTER, M. 1999 / Electronic Commerce/ S. 5-6.

[169] Vgl. ZERDICK, A., ET AL. 2001 /Internet-Ökonomie/ S. 237 zur Definition von virtuellen Communities.

[170] Anm. d. Verf.: Hier sind einige Parallelen zur Gesellschaft bürgerlichen Rechts, GbR, zu sehen.

[171] Vgl. CHILD, J., FAULKNER, D. 1998 /Strategies of Cooperation/ S. 81.

[172] Anm. d. Verf.: Eine beliebte Gesellschaftsform für virtuelle Communities seit Öffnung der europäischen Grenzen ist die englische Limited (Ltd.). Sie entspricht weitgehend der deutschend GmbH, jedoch ohne die festgeschriebene Verpflichtung zum Haftungskapital.

[173] Vgl. ROSENTHAL, D. 1999 /Internet/ S. 27.

[174] Vgl. KIESER, A., OECHSLER, W. 1999 /Unternehmungspolitik/ S. 255.

Nach dem Grad der Ausnutzung von Lokalisierungs- und. Globalisierungsvorteilen lassen sich vier sog. Internationalisierungsstrategien unterscheiden:[175]

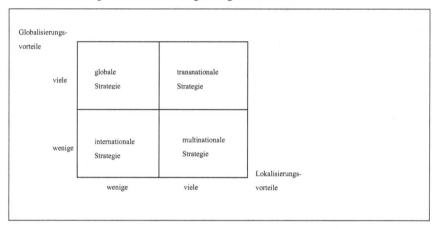

**Abbildung 15: Vier-Felder-Matrix der Globalisierungsstrategien**

In frühen Stadien der Internationalisierung sind die Vorteile von Globalisierung und Lokalisierung noch gering. Die Muttergesellschaft gibt der ausländischen Tochter ihre Strukturen vor. Sie lenkt die Umsetzung der *internationalen bzw. ethnozentrischen Strategie* durch entsandte Manager.

Wenn sich die Tochterfirma weitgehend an die lokalen Anforderungen des ausländischen Marktes angepasst hat, schwenken viele Unternehmen zur *multinationalen bzw. polyzentrischen Strategie* um. Die abgeordneten Manager werden durch Einheimische ersetzt, um sich stärker den dortigen Verhältnissen anzupassen. Synergieeffekte innerhalb des Konzerns treten in den Hintergrund.

Genau entgegengesetzt agieren Unternehmen bei der *globalen bzw. geozentrischen Strategie*. Entscheidungen werden zentral von der Mutterunternehmung getroffen, um die Synergieeffekte im Konzern stärker auszunutzen. Dieses gelingt nur auf Kosten der Autonomie der Tochtergesellschaft, welche nationale Marktchancen nicht im vollen Umfang nutzen kann.

Die beste Ausnutzung der Globalisierungs- und Lokalisierungsvorteile erreicht man durch eine Kombination. Diese Strategie wird als *transnational oder opportunistisch* bezeichnet. Jeder Geschäftsbereich erhält eine gesonderte globale oder multinationale Ausrichtung, abhängig davon, in welchem Land die Mutterunternehmung ihren Sitz hält.

Die meisten Wissenschaftler sind sich inzwischen einig, dass die Internetökonomie **keine völlig neuen Wirtschaftsregeln** hervorgebracht hat, wie zunächst vermutet. Trotzdem müssen die geltenden Strategien und Gesetzmäßigkeiten *modifiziert* und an die Merkmale der neuen Qualität des Wirtschaftens *angepasst* werden.[176]

---

[175] Vgl. KIESER, A., OECHSLER, W. 1999 /Unternehmungspolitik/ S. 255 ff.

[176] Vgl. Zerdick, A., ET AL. 2001 /Internetökonomie/ S. 42.

# 5.3. Typische Einsatzgebiete internetbasierter Geschäfte

Zum Abschluss werden einige **typische Bereiche** zum Einsatz internetbasierter Geschäfte und E-Business-Lösungen kurz vorgestellt:[177]

### 1. Administration/Finanzen

Internetbasierte Geschäfte kommen noch immer hauptsächlich bei administrativen Aufgaben zum Einsatz. Das *E-Business* ist in diesem Zusammenhang als ganzheitliches System zu verstehen. Es umfasst neben den organisatorischen Komponenten der Informationstechnologie die Aufbereitung und Auswertung des Datenmaterials, welches von der Finanzbuchhaltung zur Verfügung gestellt wird. Der elektronische Datenfluss bildet spiegelbildlich die Zahlungsströme des Geldes ab. Vorteile liegen in der Flexibilität der Vorgangshandhabung per Computer und der Aktualität der Daten.[178]

Beispiele für mögliche Aktionen dieses Bereiches sind elektronische Transaktionen mit Banken, die elektronische Abwicklung des Zahlungsverkehrs oder die elektronische Abgabe von Steuermeldungen

### 2. Personalwesen

Im internen Bereich werden die *Personaldaten* der Mitarbeiter als Grundlage für Statistiken verwendet, um die Fähigkeiten des Personals gezielt einzusetzen und zu fördern. Beispielsweise werden offene Stellen bevorzugt mit eigenen geschulten Mitarbeitern besetzt[179] oder *CBT-Anwendungen*[180] zur Mitarbeiterschulung eingesetzt.

Weitere typische Aktionen dieses Bereiches stellen die elektronische Abwicklung der Gehaltsabrechnung bzw. Sozialabgaben oder die Online-Personalsuche *(Recruting)* dar.

### 3. Forschung und Entwicklung (F&E)

Durch die Anpassung der verwendeten Technologien, gezielte Forschung nach Anwendungsmöglichkeiten und den „passgerechten Zuschnitt" von Soft- und Hardware auf das Unternehmen, können Weiterentwicklungen bewirkt werden. Die Mitarbeiter sollen ihre Ideen im Arbeitsprozess einbringen und so ebenfalls zum Lernprozess der Organisation beitragen.[181]

Als Aktionen für diesen Bereich ergeben sich gewöhnlich Möglichkeiten über die Online-Suche nach *F&E*-Partnern oder den elektronischen Austausch von Entwicklungsrichtlinien, Konstruktionsdaten, etc.

### 4. Beschaffung

---

[177] Vgl. BAUMANN, M., KISTNER, A. 2000 /e-Business/ S. 337.

[178] Vgl. FISCHER, J. 1999 /Informationswirtschaft/ S. 146 f.

[179] Vgl. FISCHER, J. 1999 /Informationswirtschaft/ S. 142 f.

[180] Anm. d. Verf.: CBT steht für Computer Based Training. Die Mitarbeiter werden mit Hilfe spezieller Lernsoftware geschult. Die Erstellung solcher Lernsoftware erfolgt am einfachsten über Autorensysteme. Vgl. MANDORF, S. 1998 /Multimedia-Autorensysteme/ S. 14 f.

[181] Vgl. FISCHER, J. 1999 /Informationswirtschaft/ S. 143.

Unternehmensberater schätzen, dass Unternehmen je nach Branche durch elektronische Beschaffung Prozesskosten von bis zu 25 % einsparen können.[182] Beispielsweise können Kosteneinsparungen durch eine geschickte Lieferantenauswahl mit Hilfe einer elektronischen Lieferantensuche erreicht werden.

Andere Beschaffungsmaßnahmen elektronischer Qualitätsdaten-Austausch mit Lieferanten oder elektronische Frachtverfolgung. Insbesondere verdient noch das *Outsourcing*[183] von Aktivitäten zur Optimierung des Produktionsprozesses einer Erwähnung.

**5.    Produktion**

Information und Wissen gewinnen als Produktionsfaktoren an Bedeutung. Vorteile bietet das Internet durch die Standortunabhängigkeit der Produktion, das Erbringen spezieller Dienstleistungen im Kommunikationsbereich und die Auflösung der klassischen Unternehmensformen.[184]

Zahlreiche moderne Unternehmen richten bereits ihre Produktionslinien auf die Organisation mit Hilfe des *E-Business* aus.[185] Es liefert z.B. die Produktionsfortschrittsdaten für Lieferanten und Kunden, welche eine *Just-in-time-Produktion* unterstützen.

**6.    Marketing**

Das Marketing im Bereich *E-Business* besteht in einer Kommunikationspolitik mit dem Kunden. Untersuchungen des Kundenverhaltens wirken zur zielgerechteren Anpassung der Marketingmaßnahmen. Internetbasierte Geschäfte sind hierbei ein Hilfsmittel zur Ermittlung und Aufbereitung der Daten.

Eine Weiterentwicklung dieses *Direct Marketings* ist das sog. *Dialog Marketing*. Es handelt sich dabei um eine Art interaktionsorientiertes Direct Marketing. Die Auswahl und Planung der Medien erfolgt dialogorientiert, um in ständiger Kommunikation mit den wichtigsten Zielgruppen zu bleiben. Ziel ist eine besonders effektive und individuelle Ansprache der Kunden.[186]

Typische Aktionen dieses Bereiches liegen in der Online-Marktforschung und dem Online-Marketing

**7.    Vertrieb**

Das Internet schuf einen zusätzlichen *Absatzkanal* (*„Channel of Distribution"*). Als Folge davon weist der direkte Absatz in Deutschland eine steigende Tendenz auf. *E-Business* hilft unterstützend bei logistischen Überlegungen, wie Vorratshaltung, Lieferbereitschaft, etc.[187] Durch die Diversifikation der Betriebskanäle steigt auch der Wett-

---

[182] Vgl. HANSEN, H.R., NEUMANN, G. 2001 /Wirtschaftsinformatik/ S. 613.

[183] Vgl. MERZ, M. 2002 /E-Commerce/ S. 454. Dort wird *Outsourcing* der *Inhouse*-Lösung gegenübergestellt.

[184] Vgl. BAUMANN, M., KISTNER, A. 2000 /e-Business/ S. 151.

[185] Vgl. SCHMIDT, B. 2001 /Digitale Ökonomie/ S. 183-185.

[186] Vgl. SCHMIDT, B. 2001 /Digitale Ökonomie/ S. 54 f.

[187] Vgl. TOMCZAK, T., SCHÖGEL, M., BIRKHOFER, B. 1999 /Online-Distribution/ S. 220 f.; SCHMIDT, B. 2001 /Digitale Ökonomie/ S. 43-45.

bewerbsdruck. Eine verstärkte Ausrichtung auf die Bedürfnisse der Kunden und die Zielmärkte ist notwendig.[188]

Der digitale Vertrieb wird meist als *Online-Shop* aufgebaut. Suchfunktionen helfen dem Benutzer, das gewünschte Produkt zu finden. Durch Auktionen und *Groupbuying* kann die Preisstruktur dynamisch gestaltet werden. Der digitale Vertrieb ist bei *Online-*Produkten inzwischen zum Standard geworden. Auf diese Weise kann ein internationaler Kundenkreis erreicht werden.[189]

Typische Aktivitäten dieses Bereiches sind der *Online*-Vertrieb, die elektronische Frachtverfolgung und der Zolldatenaustausch.

**8. After-Sales-Service**

In diesem Bereich werden die Wünsche des Kunden nach einer Betreuung über den Kaufakt hinaus berücksichtigt. Unter den *After-Sales-Service* fallen vor allem Wartung und pflege der Produkte, sowie Reklamation und Beratung bei Rückfragen des Kunden. Eine zentrale Rolle spielt hierbei die Kommunikation und Erreichbarkeit der Unternehmung. Vor allem in der *After-Sales-Phase* ist das *Online-Marketing* als Tool zur Bildung von Kunden-Lock-in´s ideal. Wichtig sind auch die ständige Aktualität der Termine, Links, Datenbanken, Download-Angebote, etc. auf der Website.[190]

Beispiele für Maßnahmen dieses Bereiches werden gegeben durch Produktionsinformationen über die Website und die elektronische Annahme von Reklamationen.

In allen aufgeführten Bereichen haben sich **E-Business-Lösungen** etabliert. Sie tragen maßgeblich zu einer Ausnutzung der Erfolgsfaktoren des Unternehmens bei und verschaffen den Unternehmen Vorteile in der Verteidigung ihrer Marktstellung gegenüber Wettbewerbern bzw. bei der Eroberung besserer Marktpositionen.

Die Optimierung der Organisationsstrukturen von Erfolgsfaktoren aus dem Bereich des E-Business ist damit zu einem Instrument des strategischen Managements geworden. In diesem Zusammenhang wird u.a. auf die weiterführende Literatur der Autorin zum Thema IT-Balanced Scorecard verwiesen.

---

[188] Vgl. HANSEN, H.R., NEUMANN, G. 2001 /Wirtschaftsinformatik/ S. 548.

[189] Vgl. PICOT, A., ET AL. 2001 /Die grenzenlose Unternehmung/ S. 152.

[190] Vgl. BAUMANN, M., KISTNER, A. 2000 /e-Business/ S. 180 f.

# 6.    Schlussbetrachtung

Die **veränderten Umweltbedingungen** in der Internetökonomie stellen neue Herausforderungen an die Verarbeitung der Geschäftsprozesse von Unternehmen, da sie entlang der netzartigen Strukturen des Internets komplexe, modulare Netzwerke bilden. Die **Lösung** sieht die Literatur in der Interpretation und Behandlung der Organisationsstrukturen internetbasierter Geschäfte als *prozessorientierte, vernetzte, kooperative Systeme.*[191]

Neben den Organisationsstrukturen hat sich auch der Begriff des **Geschäftsprozesses** gewandelt und orientiert sich heute beim internetbasierten Geschäftsprozess stärker am abstrakten Formalbegriff der Informatik, die eingesetzt wird, um die Netzstrukturen besser beschreiben zu können und damit das Prozessmanagement im E-Business zu erleichtern.[192]

Die **Erfolgsfaktoren** des E-Business spielen bei diesem Prozessmanagement eine herausragende Rolle. Bei ihnen handelt es sich um die Faktoren, die das Kerngeschäft des Unternehmens nachhaltig bestimmen. Sie haben deshalb einen entscheidenden Einfluss auf die Wettbewerbsstrategie des Unternehmens.

Wie weiter oben gezeigt wurde, konnten einige Autoren nachvollziehbar beschreiben, dass sich in der Internetökonomie die sog. **Triebkräfte** oder Wettbewerbskräfte geändert haben bzw. in Ergänzung zu den bekannten *Five Forces* nach PORTER aufgetreten sind.[193] DOWNES nennt diese Triebkräfte *Digitalisierung, Globalisierung* und *Deregulierung.*[194] Mit diesen Schlagworten umschreibt er die Veränderungen der ökonomischen Umweltbedingungen seit Einführung des Internets.

Einige Autoren gehen sogar noch weiter und behaupten, dass sich die klassische Dichotomie der **Wettbewerbsstrategien** nach PORTER zwischen *Kostenführerschaft* und *Qualitätsführerschaft* nun im Marketspace des Internets zu einer neuen Dichotomie in *Geschwindigkeitsführerschaft* und *Informationsführerschaft* umgewandelt hat.[195]

Ob diese Sichtweise richtig ist oder als zu extrem angesehen werden kann, mag dahin gestellt bleiben. Entscheidend ist die Tatsache, dass sich aufgrund der veränderten Umweltbedingungen und der netzartigen Organisationsstrukturen des Internets **neue Geschäftsmodelle** herausgebildet haben und es zu einem neuen Mix unterschiedlicher Modellarten gekommen ist.[196] Diese Modelle basieren z.B. auf den technologischen Weiterentwicklungen, der dezentralen Struktur des Internets und der gesteigerten Marktmacht des Konsumenten.[197]

Bei der Entwicklung und Umsetzung neuer Geschäftsmodelle im Internet müssen sog. **restriktive Rahmenbedingungen** berücksichtigt werden. Dazu gehören technologische Bedingungen, wie Standards bei Hard- und Software, die eine Kompatibilität gewährleisten sollen,[198] aber auch Qualitätsziele.

---

[191] Vgl. MIROW, M., LINZ, C. 2000 /Planung/ S. 265.

[192] Vgl. SCHWICKERT, A., FISCHER, K. 1996 /Geschäftsprozess/ S. 3.

[193] Vgl. PORTER, M.E. 1999 /Wettbewerbsvorteile/ S. 29.

[194] Vgl. DOWNES, L. 1998 /Beyond Porter/ S. 1.

[195] Vgl. WEBER, R. KOLLMANN, T. 1999 /Wertschöpfungsprozesse/ S. 60.

[196] Vgl. HAMMER, CH. WIEDER, G. 2002 /Internet-Geschäftsmodelle/ S. 58 f.

[197] Vgl. HÖLLER, J., PILS, M. ZLABINGER, R. (HRSG.) 1999 /Internet/ S. 3 f.

[198] Vgl. HÖLLER, J., PILS, M. ZLABINGER, R. (HRSG.) 1999 /Internet/ S. 70 f.

So fallen bei der Gegenüberstellung von traditionellem Marktraum und **Marketspace** des Internets einige Unterschiede auf, die ebenfalls bei der Entwicklung neuer Geschäftsmodelle für elektronische Märkte zu berücksichtigen sind, z.b. der *Death of Distance*[199] oder auch die *These der Disintermediation*, bei der das Internet die Rolle des Quasi-Intermediärs übernimmt.[200]

Einige grundlegende Geschäftsmodelle zur Ausschöpfung der Netzeffekte sind das *Supply Chain Management (SCM)*, das *Konzept innovativer Cluster* und das *Web Content Management* zur Nutzung interaktiver Funktionen.[201]

Aufgrund der veränderten ökonomischen Rahmenbedingungen hat die Internetökonomie den Unternehmen **Erfolgsfaktoren** mit einer *neuen Qualität* beschert. Ausgelöst wurde diese Entwicklung nicht zuletzt durch veränderte Organisationsstrukturen in Unternehmen, die der „neuen Qualität des Wirtschaftens" gerecht werden müssen, wie sich PICOT ausdrückt. Er hat eine Liste von Merkmalen definiert, um die üblichen Geschäftsstrategien für das Internet zu beschreiben. Dazu gehören neben der Digitalisierung beispielsweise auch Kooperation in Netzwerken und die steigende Marktmacht des Kunden.[202]

Ergänzt werden kann diese Liste unter Berücksichtigung der „neuen Triebkräfte" in der Internetökonomie um die *Globalisierung* als elftes Qualitätsmerkmal. Diese wird in der ursprünglichen Aufzählung nach PICOT nur indirekt erwähnt, hat aber z.b. nach DOWNES[203] eine wichtige Bedeutung, der eine Stellung als gesondertes Merkmal rechtfertigt.

In diesem Zusammenhang sollte darauf hingewiesen werden, dass die Literatur sich heute einig ist, dass die Internetökonomie nicht völlig neue Wirtschaftsregeln kreiert hat, sondern die bestehenden Grundsätze lediglich durch die Innovation Internet *modifiziert* wurden.[204]

Eine **Aufzählung typischer Einsatzgebiete internetbasierter Geschäfte** stellt noch einmal dar, wie weit das Internet schon heute den Geschäftsverkehr der Organisationen und Institute durchdrungen hat. Alle aufgezählten Bereiche können durch eine Anpassung der Erfolgsfaktoren des E-Business optimiert werden. Voraussetzung ist die Beschreibung und Analyse der Organisationsstrukturen, um den Erfolgsfaktoren des E-Business eines jeweiligen Unternehmens auf die Spur zu kommen.

Diese **Analyse der Unternehmenssituation und der Erfolgsfaktoren** erfolgt *individuell* aufgrund der spezifischen ökonomischen Situation, in der sich jedes Unternehmen befindet. Der hier vorgestellte Beitrag hat die wesentlichen Bereiche und Strukturen, in denen durch den Einsatz des Internets Veränderungen erfolgt sein können, kurz zusammengefasst und mögliche Veränderungen angesprochen, um die individuelle Analyse im Unternehmen zu erleichtern.

---

[199] Vgl. ZERDICK, A., ET AL. 2001 /Internetökonomie/ S. 213.

[200] Vgl. MEFFERT, H. 2000 /Neue Herausforderungen/ S. 130.

[201] Vgl. EGGERS, B., HÖPPEN, G. 2001 /Strategisches E-Commerce-Management/ S. 335.

[202] Vgl. ZERDICK, A., ET AL. 2001 /Internetökonomie/ S. 1 f. Diese Strategien wurden anhand von Literatur überprüft und die Verweise ergänzt.

[203] Vgl. DOWNES, L. 1998 /Beyond Porter/ S. 1.

[204] Vgl. ZERDICK, A., ET AL. 2001 /Internetökonomie/ S. 42.

# Literaturverzeichnis

A

Aaker, D.A., Joachimsthaler, E. 2000 /Brand Leadership/
New York 2000.

Adrian, W. 1996 /Unternehmensführung/
Strategische Unternehmensführung und Informationssystemgestaltung auf der Grundlage
kritischer Erfolgsfaktoren, Bergisch Gladbach 1989.

Ahlert, D., Evanschitzky, H. 2003 /Dienstleistungsnetzwerke/
Dienstleistungsnetzwerke, Berlin-Heidelberg 2003.

Ahlert, D. 2000 /Implikationen/
Implikationen des Electronic Commerce für die Akteure in der Wertschöpfungskette, in:
Ahlert, D., Becker, J., Kenning, P., Schütte, R. (Hrsg.): Internet & Co. im Handel - Strate-
gien, Geschäftsmodelle, Erfahrungen, Berlin 2000, S. 3-27.

Ahlert, D. 1992 /Distributionspolitik/
Distributionspolitik, Stuttgart-New York 1992.

Albers, s., et al. 1999 /ecommerce/
Albers, S., Clement, M., Peters, K., Skiere, B. (Hrsg.): ecommerce, Frankfurt/M. 1999.

Alt, R., Österle, h. 2004 /Real-time Business/
Real-time Business - Lösungen, Bausteine und Potenziale des Business Networking, Berlin
et al. 2004.


B

Bach, V., Österle, H, Vogler, P. (Hrsg.) 2000 /Business Knowledge Management/
Business Knowledge Management in der Praxis, Berlin 2000.

Barney, J.B. 1991 /Firm Resources/
Firm Resources and Substained Competitive Advantages, in: Journal of Management, Vol.
17, 1/1991, S. 99 - 120.

Barney, J.B. 1987 /Strategic Factor Markets/
Strategic Factor Markets: Expectations, Luck and Business Strategy, in: Management Sci-
ence 1987, S. 1231 - 1241.

Bauer, H.H., Grether, M., Brüsewitz, K. 1999 /Internet/
Der Einsatz des Internet zur Vertriebsunterstützung im vertraglichen Automobilhandel, in:
Bliemel, F., Fassott, G., Theobald, A. (Hrsg.): Electronic Commerce, 3. Aufl., Wiesbaden
2000.

Baumann, M., Kistner, A. 2000 /e-Business/
e-Business - Erfolgreich in die digitale Zukunft, 2., akt., völlig überarb. Aufl., Böblingen
2000.

Benjamin, R., Wiegand, R. 1995 /Electronic Markets/
Electronic Markets and Virtual Value Chains on the Information Suberhighway, in: Sloan
Management Review, 4/1995, S. 62 - 72.

Bernet, B. 2000 /Technologie/
Technologie an der Schwelle zum 21. Jahrhundert: von der Prozess- zur Systemtransfor-
mation, in: Belz, Ch., Bieger, Th. Dienstleistungskompetenz und innovative Geschäftsmodelle, St. Gallen 2000, S. 36-50.

Böing, Ch. 2001 / Erfolgsfaktoren/
Erfolgsfaktoren im Business-to-Consumer-E-Commerce, Wiesbaden 2001.

Bouncken, R. 2000 /Kern des Erfolges/
Dem Kern des Erfolges auf der Spur? State of Art zur Identifikation von Kernkompetenzen, ZfB, 70. Jg., o.O. 2000, S. 865-885.

Brockhoff, K. 1977 /Prognoseverfahren/
Prognoseverfahren für die Unternehmensplanung, Gabler: Wiesbaden, 1977.

Bullinger, H.-J., Berres, A. 2000 /E-Business/
E-Business - Handbuch für den Mittelstand, Berlin-Heidelberg 2000.

Buzzle, R.D., Gale, B.T. 1989 /PIMS/
Das PIMS-Programm, Strategien und Unternehmenserfolg, Wiesbaden 1989.


C

Child, J. / Faulkner, d. 1998 /Strategies/
Strategies of Corporation, Managing Alliances, Networks and Joint Ventures, New York
1998.

Coenenberg, A. 1999 /Kostenrechnung/
Kostenrechnung und Kostenanalyse, 4., aktual. Aufl., Landsberg/Lech 1999, S. 220–244,
S. 575–624.

Cronin, M. J. 1996 /Internet Strategy/
The Internet Strategy Handbook, Lessons from the New Frontier of Business, Bos-
ton/Massachusetts 1996.

Cronin, M. J. 1996 /Global Advantage/
Global Advantage on the Internet, Boston/Massachusetts, 1996.

Cunningham, P., Fröschl, F. 1999 /Electronic Business Revolution/
Electronic Business Revolution, Berlin-Heidelberg 1999.


D

Daschmann, H.-A. 1994 /Erfolgsfaktoren/
Erfolgsfaktoren mittelständischer Unternehmen: Ein Beitrag zur Erfolgsfaktorenforschung,
Stuttgart 1994.

Davenport, T.H. 1993 /Process Innovation/
Process Innovation: Reengineering Work through Information Technology, Boston 1993.

Domschke, W., Scholl, A. 2003 /Grundlagen/
Grundlagen der Betriebswirtschaftslehre, 2., verb. Aufl., Berlin-Heidelberg- New York
2003.

Downes, L. 1998 /Beyond Porter/
Unleashing the Killer App: Digital Strategies for Market Dominance, Harvard Business
School, o. o.1998.

E

Ebers, M. 1985 /Organisationskultur/
Organisationskultur: Ein neues Forschungsprogramm?, Wiesbaden 1985.

Eggers, B., Höppen, G. 2001 /Strategisches E-Commerce-Management/
Strategisches E-Commerce-Management, Erfolgsfaktoren für die Real Economy, Gabler
Verlag, Wiesbaden, 1. Auflage, 2001.

Eggenschwiler, M. 2000 /Management/
Management der Interaktionsqualitäten in Allianzen, in: Belz, Chr., Bieger, Th. (Hrsg.):
Dienstleistungskompetenz und innovative Geschäftsmodelle, St. Gallen 2000, S. 348-357.

F

Fechtel, A. 2001 /Management/
Wertorientiertes strategisches Management von Mehrgeschäftsunternehmungen, 1. Aufl.,
Wiesbaden 2001.

Filsecker, Th. 2004 /XML/
XML - Die Lingua Franca des E-Business, in: Höller, J., Pils, M., Zlabinger, R. (Hrsg.):
Internet und Intranet, Herausforderung E-Business, 3. Aufl., Berlin-Heidelberg-New York
2004.

Fischer, J. 1999 /Informationswirtschaft/
Informationswirtschaft: Anwendungsmanagement, München-Wien-Oldenbourg 1999.

Fleisch, E. 2001 /Netzwerkunternehmen/
Das Netzwerkunternehmen, Berlin-Heidelberg 2001.

Frank, J. 1980 /Standard-Software/
Standard-Software, Kriterien zur Beurteilung und Auswahl von Software-Produkten, 2.
Aufl., Köln-Braunsfeld 1980.

Franz, St. 1994 /Informations-Management/
Informations-Management als Basis für Prozeß-Management, in: Gaitanides, M., Scholz,
R., Vrohlings, A., Raster, B. (Hrsg.): Prozeßmanagement. Konzepte, Umsetzungen und Er-
fahrungen des Reengineering, München-Wien 1994.

Friedag, H., Schmidt, w. 2001 /E-Controlling/
Freiburg 2001

Frischmuth, J., Karrlein, W., Knop, J (Hrsg.) 2001 /Strategien/
Strategien und Prozesse für neue Geschäftsmodelle, Berlin-Heidelberg, 2001.

Fritz, W. 2000 /Internet-Marketing/
Internet-Marketing und Electronic Commerce, Wiesbaden 2000.


G

Gadatsch, A. 2002 /Management von Geschäftsprozessen/
2., überarb. und erw. Aufl., Braunschweig-Wiesbaden 2002, S. 53-91.

Galler, J. 1997 / Geschäftsprozess/
Vom Geschäftsprozeßmodell zum Workflow-Modell, Wiesbaden 1997.

Gaitanides, M., et al. 1994 / Prozessmanagement/
Gaitanides, M., Scholz, R., Vrohlings, A., Raster, M.: Prozeßmanagement, München-Wien
1994.

Gesmann-Nuissl, D. 1999 /Rechtliche Aspekte/
Rechtliche Aspekte des Electronic Commerce, in: Bliemel, F., Fassott, G., Theobald, A.
(Hrsg.): Electronic Commerce, Herausforderungen - Anwendungen - Perspektiven, 3.
Aufl., Wiesbaden 2000, S. 63 - 83.

Göttgens, O. 1996 /Erfolgsfaktoren/
Erfolgsfaktoren in stagnierenden und schrumpfenden Märkten, Wiesbaden 1996.

Gora, w., Mann, E. (Hrsg.) 2001 /Handbuch/
Handbuch Electronic Commerce, 2. Aufl., Berlin-Heidelberg 2001.

Grabner-Kräuter, S. 1993 /Diskussionsansätze/
Diskussionsansätze zur Erforschung von Erfolgsfaktoren, in: Journal für Betriebswirt-
schaft, 3/1993, S. 278-300.

Grünig, R., Heckner, F., Zeus, A. 1996 /Methoden/
Methoden zur Identifikation strategischer Erfolgsfaktoren, in: Die Unternehmung, 1/1996,
S. 7-13.


H

Habbel, R. W. 2000 /Erfolgsfaktoren/
Erfolgsfaktoren zur Entwicklung und Umsetzung von Unternehmensstrategien in der Wis-
sensgesellschaft, in: Bamberger, Ingolf (Hrsg.): Strategische Unternehmensberatung,
Wiesbaden 2000, S. 37-70.

Haedrich, G., Jeschke, B. 1994 /Management/
Zum Management des Unternehmensimages, in: DWB, 2/1994 S. 213-221.

Hagel, J., Singer, M. 1999 /Net Worth-Shaping Markets/
Net Worth-Shaping Markets When Customers Make the Rules, Boston 1999.

Hamel, G., Prahalad, C.K. 1989 /Strategic intent/
in: Harvard Business Review, Vol. 67, May/June 1991, S. 81-92.

Hammer, Ch., Wieder, G. 2002 /Internet-Geschäftsmodelle/
Internet-Geschäftsmodelle mit Rendite, 1. Aufl., Bonn 2002.

Hansen, H.R., Neumann, G. 2001 /Wirtschaftsinformatik/
Wirtschaftsinformatik I, 8. Aufl., Stuttgart 2001.

Hauschildt, j. 1977 /Entscheidungsziele/
Entscheidungsziele, Tübingen 1977.

Heinrich, L. J., Pomberger, G. 2001 /Erfolgsfaktorenanalyse/
Erfolgsfaktorenanalyse – Instrument für das strategische IT-Controlling, Universität Linz,
Institut für Wirtschaftsinformatik, o.O. 2001, www.swe.uni-linz.ac.at/publications.

Hentze, J., Brose, P., Kammel, A. 1993 /Unternehmensplanung/
Unternehmensplanung, 2. Aufl., Stuttgart 1993, S. 165-214.

Hermanns, A., Sauter, M. 1999 /Electronic Commerce/
Electronic Commerce - Die Spielregeln der Neuen Medien, in: Hermanns, A., Sauter, M.
(Hrsg.): Management-Handbuch Electronic Commerce, München 1999, S. 3-12.

Hermanns, A., Sauter, M. 1999 /Entwicklungsperspektiven/
in: Hermanns, A., Sauter, M. (Hrsg.): Management-Handbuch Electronic Commerce,
München 1999, S. 427 - 433..

Hermanns, A. 1996 /Electronic Commerce/
Electronic Commerce - Herausforderung für das Marketing-Management, in: Hermanns,
A., Sauter, M. (Hrsg.): Management-Handbuch Electronic Commerce, München 1999, S.
87-100.

Herweg, F. 2001 /E-Controlling/
E-Controlling, 1. Aufl., Freiburg 2001.

Hofmann, U. 2001 /Netzwerk-Ökonomie/
Netzwerk-Ökonomie, Heidelberg 2001, S. 1-46.

Hoffmann, F. 1986 /Kritische Erfolgsfaktoren/
Kritische Erfolgsfaktoren – Erfahrungen in großen und mittelständischen Unternehmun-
gen, in: ZfbF, Heft 10/1986, S. 831–843.

Hoffmann, F. 1981 /Organisation-Umweltbeziehungen/
Organisation-Umweltbeziehungen in der Organisationsforschung - Systembezogene Orga-
nisationstheorien, in: Kieser, A. (Hrsg.): Organisations-theoretische Ansätze, München
1981, S. 185-200.

Hohmann, P. 1999 /Geschäftsprozesse/
Geschäftsprozesse und integrierte Anwendungssysteme, Köln 1999.

Höller, J., Pils, M. Zlabinger, R. 2004 /Internet/
Internet und Intranet, 3. Aufl., Berlin 2004.

Höller, J., Pils, M., Zlabinger, R. (Hrsg.) 1999 /Internet/
Internet und Intranet, 2. Aufl., Berlin 1999.

Hopfenbeck, et al. 2001 /Wissensbasiertes Management/
Hopfenbeck, W., Müller, M., Peisl, Th.: Wissensbasiertes Management - Ansätze und Strategien zur Unternehmensführung in der Internet-Ökonomie, Landsberg/Lech 2001.

Hopfenbeck, W.1998 /Betriebswirtschaftslehre/
Allgemeine Betriebswirtschafts- und Managementlehre, 4. durchges. Aufl., Landsberg/Lech 1998.

Howaldt, J., Kopp, R., Winther, M. (Hrsg.) 1998 /Verbesserungsprozess/
Kontinuierlicher Verbesserungsprozess, Köln 1998.


J

Jacobs, S. 1992 /Strategische Erfolgsfaktoren/
Strategische Erfolgsfaktoren der Diversifikation, Wiesbaden 1992.

Jenner, T. 1999 /Determinanten/
Determinanten des Unternehmenserfolges, Stuttgart 1999.

Johansson, H.J., McHugh, P., Pendlebury, A.J., Wheeler, W.A. 1993 /Business Process Reengineering/
Business Process Reengineering - Breakpoint Strategies for Market Dominance, Chichester, GB 1993.


K

Kieser, A., Oechsler, W. 1999 /Unternehmungspolitik/
Unternehmungspolitik, Stuttgart 1999.

Kieser, A., Kubicek, H. 1983 /Organisation/
Organisation, 2. Aufl., Berlin-New York 1983.

Kirsch, W. 1988 /Handhabung von Entscheidungsproblemen/
Die Handhabung von Entscheidungsproblemen, 3. Aufl., München 1988.

Knoop, H.J., Jäckel, K.K., Heinold, E.F. 2000 /Business E-Volution/
Das E-Business-Handbuch, Organisation - Marketing - Finanzen - Projekt-Management, Wiesbaden 2000.


L

Lochmann, H.-D., Köllgen, R. (Hrsg.) 1998 /Facility Management/
Andersen Consulting: Facility Management, Strategisches Immobilienmanagement in der Praxis, Wiesbaden 1998.

## M

Maas, P. 2000 /Transformation/
Transformation von Dienstleistungsunternehmen in Netzwerken - Empirische Erkenntnisse im Bereich der Assekuranz, in: Belz, Ch., Bieger, Th. (Hrsg.) Dienstleistungskompetenz und innovative Geschäftsmodelle, St. Gallen 2000.

Malone, T., Yates, J., Benjamin, R.1989 /The Logic of Electronic Markets/
in: Harvard Business Review, 3/1989, S. 166-172

Malone, T., Yates, J., Benjamin, R. 1987 /Electronic Markets/
Electronic Markets and Electronic Hierarchies, in: Communications of the ACM, 6/1987, S. 484-497.

Mandorf, S. 1998 /Multimedia-Autorensysteme/
Vergleich zweier PC-gestützer Multimedia-Autorensysteme, Gegenüberstellung und Bewertung auf der Basis eines Kriterienkataloges, Diplomarbeit im Fachbereich Wirtschaftswissenschaften, Universität Essen 1998.

Meffert, H. 2000 /Neue Herausforderungen/
Neue Herausforderungen für das Marketing durch interaktive elektronische Medien - auf dem Weg zur Internet-Ökonomie, in: Ahlert, D., Becker, J., Kenning, P., Schütte, R. (Hrsg.): Internet & Co. im Handel: Strategien, Geschäftsmodelle, Erfahrungen, Stuttgart - Berlin 2000, S. 125-142.

Merz, M. 2002 /E-Commerce/
E-Commerce und E-Business - Marktmodelle, Anwendungen und Technologien, 2. Aufl., Heidelberg 2002.

Metzger, R. Gründler, H.-Chr. 1994 /Spitzenniveau/
Zurück auf Spitzenniveau: Ein integratives Modell zur Unternehmensführung, Frankfurt/M.-New York 1994.

Mirow, M., Linz, C. 2000 /Planung/
Planung und Organisation von Innovationen aus systemtheoretischer Perspektive, in: Häflinger, M., Meier (Hrsg.): Aktuelle Tendenzen im Innovationsmanagement, Heidelberg 2000.

Morganski, B. 2003 /Balanced Scorecard /
Balanced Scorecard, 2. Aufl., München 2003.

## N

Nävy, J. 2003 /Facility Management/
Facility Management, Grundlagen, Computerunterstützung, Systemeinführung, Anwendungsbeispiele, 3. Aufl., Berlin-Heidelberg 2003.

Nilsson, R. 1999 /Internet-Shopping Malls/
Einsatz und Potential von Internet-Shopping-Malls - Das Beispiel myworld, in: Hermanns, A., Sauter, M. (Hrsg.): Management-Handbuch Electronic Commerce, München 1999, S. 371-385.

O

Österle, H. 2000 /Service-Portal/
Auf dem Weg zum Service-Portal, in: Belz, Ch., Bieger, Th. (Hrsg.): Dienstleistungskompetenz und innovative Geschäftsmodelle, St. Gallen 2000.

Österle, H. 1991 /Unternehmensführung/
Unternehmensführung und Informationssystem: Der Ansatz des St. Gallener Informationssystem-Managements, Stuttgart 1991.

o.V. 2004 /Learning from the Leaders/
World Business Forum in Frankfurt vom 19. - 20. Oktober 2004, vorgestellt von der HSM-Group, Veröffentlichung als Beilage der Zeitschrift Capital, Frankfurt/M. 2004.

o.V. 2003 /Netzwerke/
www.unister.de/Unister/wissen/sf_lexikon/, Stand 13.08.2003.


P

Patt, P.-J. 1988 /Erfolgsfaktoren/
Strategische Erfolgsfaktoren im Einzelhandel, Frankfurt/M. 1988.

Petschke, C. 1998 /Online-Publishing/
Online-Publishing - Business der Zukunft? Frankfurt/M. 1998.

Picot, A., Reichwald, R., Wiegand, R.T. /Die grenzenlose Unternehmung/
2. Aufl., Wiesbaden 1996.

Picot, A. 2000 /Bedeutung/
Die Bedeutung von Standards in der Internet-Ökonomie, Internetökonomie (3) in: Frankfurter Allgemeine Zeitung Nr. 267, 16.11.2000.

Porter, M. E. 1999 /Wettbewerbsvorteile/
Wettbewerbsvorteile (Competitice Advantage). Spitzenleistungen erreichen und behaupten, Frankfurt/Main-New York 1999.

Porter, M. E. 1991 /Wettbewerbsstrategie/
Nationale Wettbewerbsstrategie. Erfolgreich konkurrieren auf dem Weltmarkt, München 1991.

Porter, M. E. 1980 /Competitive Strategy/
Competitive Strategy: Techniques for Analyzing Industries and Competitors, New York 1980.

Priess, St., Heinemann, Ch. 1999 /Erfolgsfaktoren/
Erfolgsfaktoren des Electronic Commerce, in: Hermanns, A., Sauter, M. (Hrsg.): Management-Handbuch Electronic Commerce, München 1999, S. 119-127.

Pümpin, C. 1992 /Strategische Erfolgspositionen/
Strategische Erfolgspositionen, Bern-Stuttgart, 1992.

Pümpin, C. 1986 /Management strategischer Erfolgspositionen/
3. Aufl., Bern-Stuttgart 1986.


R

Raffée, H., Eisele, J. 1993 / Erfolgsfaktoren/
Erfolgsfaktoren des Joint-Venture-Managements: Grundlagen und erste Ergebnisse einer
empirischen Forschung, Mannheim 1993.

Rayport, J.F., Sviolka, J.J. 1995 /Virtual Value Chain/
Exploiting the Virtual Value Chain, in: Harvard Business Review, Nov./Dec. 1995, S. 75 -
85.

Rayport, J.E., Sviokla, J.J. 1994 /Managing the Marketspace/
in: Harvard Business Review, 11/1994, S. 141 - 150.

Rebstock, M., Hildebrand, K. (Hrsg.) 1999 /E-Business/
E-Business für Manager, 1. Aufl., Bonn 1999, S. 44-52.

Recklies, M. 2001 /Beyond Porter/
Beyond Porter - Strategie in der Internet-Ökonomie, Recklies-Projekt-GmbH, o.O., März
2001, S. 1-7.

Rehkugler, h. 1989 /Erfolgsfaktoren/
Erfolgsfaktoren mittelständischer Unternehmen, in: WISU, 18. Jg., 1989, S. 626–632.

Riggert, W. 1998 /Informationskonzepte/
Betriebliche Informationskonzepte: Von Hypertext zu Groupware, Braunschweig- Wiesbaden 1998

Rohrbach, P. 1999 /Electronic Commerce/
Electronic Commerce im Business-to-Business-Bereich, in: Hermanns, A., Sauter, M.
(Hrsg.): Management-Handbuch Electronic Commerce, München 1999, S. 271 - 282.

Romm, C., Sudweeks, F. (Hrsg.) 2001 / Business/
Doing Business Electronically, A Global Perspective of Electronic Commerce, 3. Aufl.,
London-Berlin 2001.

Rosenthal, D. 1999 /Internet/
Internet – Schöne neue Welt?, Orell Füssli, Schweiz, 1999.

Rüegg-Stürm, J., Young, M. 2000 /Führungs- und Organisationsformen/
Zur Bedeutung neuer, netzwerkartiger Führungs- und Organisationsformen für das Management von Dienstleistungsunternehmen, in: Belz, Ch., Berger, Th. (Hrsg.) Dienstleistungskompetenz und innovative Geschäftsmodelle, St. Gallen 2000, S. 88-123.

Rumelt, R.P. 1984 /Strategic Theory/
Towards a Strategic Theory of the Firm, in: Lamb, R. (Hrsg.): Competitive Strategic Management, Englewood Cliffs, 1984, S 556 - 570.


S

Sauter, M. 1999 /Electronic Commerce/
Chancen, Risiken und strategische Herausforderungen des Electronic Commerce, in: Hermanns, A., Sauter, M. (Hrsg.): Management-Handbuch Electronic Commerce, S. 101-118.

Schmidt, B. 2000 /Digitale Ökonomie/
Was ist neu an der digitalen Ökonomie? in: Belz, Ch., Beger, Th. (Hrsg.) Dienstleistungskompetenz und innovative Geschäftsmodelle, St. Gallen 2000,    S. 178-196.

Schmidt, G. 1997 /Prozessmanagement/
Prozessmanagement, Modelle und Methoden, Heidelberg-New York 1997.

Schögel, M. 1997 /Mehrkanalsysteme/
Mehrkanalsysteme in der Distribution, Wiesbaden 1997.

Schröder, F. 2000 /Unternehmens-Controlling/
Modernes Unternehmens-Controlling, 7. überarb. und wesentl. erweit. Aufl., Ludwigshafen 2000.

Schwickert, A., Fischer, K. 1996 /Geschäftsprozess/
Der Geschäftsprozess als formaler Prozess – Definition, Eigenschaften, Arten, Arbeitspapiere WI, Nr. 4/1996, Universität Mainz, Lehrstuhl für Wirtschaftsinformatik, Mainz 1996.

Seibert, S. 1987 /Strategische Erfolgsfaktoren/
Strategische Erfolgsfaktoren in mittleren Unternehmen - untersucht am Beispiel der Fördertechnikindustrie, Frankfurt/M. 1987.

Seipp. P. 1999 /Migration/
Die Migration existierender Zahlungssysteme in das Internet - Schrittmacher für die erfolgreiche Entwicklung des Electronic Commerce, in: Hermanns, A., Sauters, M. (Hrsg.): Management-Handbuch Electronic Commerce, München 1999, S. 213-224.

Silberer, G., Rengelshausen, O. 1999 /Internet-Auftritt/
Der Internet-Auftritt deutscher Unternehmen - Ergebnisse wiederholter Website-Analysen, in: Bliemel, F., Fassott, G., Theobald, A. (Hrsg.): Electronic Commerce, Herausforderungen - Anwendungen - Perspektiven, 3. Aufl., Wiesbaden 2000, S. 275-296.

Stahlknecht, P. 1995 /Wirtschaftsinformatik/
Einführung in die Wirtschaftsinformatik, 7. Aufl., Berlin-Heidelberg 1995.

Steimer, F., Maier, I., Spinner, M. 2001 /mCommerce/
mCommerce, München-Boston 2001.

Steinle, C., Kirschbaum, J., Kirschbaum, V. 1996 /Erfolgreich überlegen/
Erfolgreich überlegen: Erfolgsfaktoren und ihre Gestaltung in der Praxis, Frankfurt/M. 1996.

Steinle, C., Schmidt, c., Lawa, D. 1995 / Erfolgsfaktorenkonzepte/
Erfolgsfaktorenkonzepte und ihre Relevanz für Planungssysteme, in: WISU, 4/1995, S. 311-323.

Steinmann, H., Schreyögg, G. 1990 /Management/
Management, Grundlagen der Unternehmensführung, Wiesbaden 1990.

Steinmann, H., Schreyögg, G. 1986 /Strategische Kontrolle/
Zur organisatorischen Umsetzung der Strategischen Kontrolle, in: Zeitschrift für betriebs-
wirtschaftliche Forschung, 9/1986, S. 747-765.


T

Tomczak, T., Schögel, M., Birkhofer, B. 1999 /Online-Distribution/
Online-Distribution als innovativer Absatzkanal, in: Bliemel, F., Fassott, G., Theobald, A.
(Hrsg.): Electronic Commerce, Herausforderungen - Anwendungen - Perspektiven, Wies-
baden 2000, S. 220-238.

Trommsdorff, V. 1990 /Erfolgsfaktorenforschung/
Erfolgsfaktorenforschung, Produktinnovation und Schnittstelle Marketing, Technische
Universität Berlin, F&E-Papier, Nr. 143, Berlin 1990.


V

Vervest, P., Dunn, A. 2000 /Customers/
How to Win Customers in the Digital World, Total Action or Fatal Inaction, Berlin-
Heidelberg, 2000.

Vester, F. 1983 /Neuland/
Neuland des Denkens, vom technokratischen zum kybernetischen Zeitalter, Stuttgart 1983.

Vossen, G., Becker, J. 1996 /Geschäftsprozessmodellierung/
Geschäftsprozessmodellierung und Workflow-Management, Bonn-Albany 1996.


W

Walker, M., Eyholzer, K. 1999 / Veränderungen/
Veränderungen im Immobilienhandel durch Internet und E-Commerce, Universität Bern,
Institut für Wirtschaftsinformatik, Arbeitsbericht Nr. 120, Brig/Schweiz 1999.

Waterman, r. 1994 /Neue Suche/
Die neue Suche nach Spitzenleistungen: Erfolgsunternehmen im 21. Jahrhundert, Düssel-
dorf-Wien-New York 1994.

Weiber, R., Kollmann, T. 1999 /Wertschöpfungsprozesse/
Wertschöpfungsprozesse und Wettbewerbsvorteile im Marketspace, in: Bliemel, F., Fassott, G., Theobald, A. (Hrsg.): Electronic Commerce, 3. Auflage, Wiesbaden 2000.

Weiber, R., Kollmann, T., Pohl, A. 1998 /Management/
Das Management technologischer Innovationen, in: Kleinaltenkamp, M., Plinke, W.
(Hrsg.): Markt- und Produktmanagement - Die Instrumente des technischen Vertriebs, Ber-
lin 1998, S. 75-179.

Welge, M.K. 1985 /Unternehmensführung I/
Unternehmensführung, Band 1, Planung, Stuttgart 1985.Wernerfelt, B. 1984 /A Resource
Based View of the Firm/ in: Strategic Management Journal, 2/1984, S. 171 - 180.

Wildemann, H. o.J. /Supply Chain Management/
Einführung in das Supply Chain Management II,
s-a.uni-muenchen.de/informationen/einfuehrungwildemann.pdf, Stand: 5.08.2003.

Williamson, O. 1981 /The Modern Corporation/
The Modern Corporation: Origin, Evolution, Attributes, in: Journal of Economic Literature
1981, S. 1537-1568

Wirtz, B. 2000 /Electronic Business/
Electronic Business, 1. Aufl., Wiesbaden 2000.

Wolff, M.-R. 1997 /Unternehmenskommunikation/
Unternehmenskommunikation - Anwendungen und Potentiale der Internet-Technologie,
HMD-Theorie und Praxis der Wirtschaftsinformatik, Heft 196, 1997, S. 8-21.

Z

Zerdick, A., et al. 2001 /Internetökonomie/
Zerdick, A., Picot, A., Schrape, K., Antropé, A., Goldhammer, K., Lange, U. T., Vierkant,
E., López-Escobar, E., Silverstone, R.: Die Internetökonomie: Strategien für die digitale
Wirtschaft, European Communication Council Report, 3. erw. und überarb. Aufl., Berlin
2001.

Zerdick, A., et al. 2000 /E-Conomics/
Zerdick, A., Picot, A., Schrape, K., Antropé, A., Goldhammer, K., Lange, U. T., Vierkant,
E., López-Escobar, E., Silverstone, R.: E-Conomics, Strategies for the Digital Marketplace,
European Communication Council Report, Berlin- Heidelberg, 2000.

Zocholl, M. 2002 /Internetsicherheit/
Internetsicherheit, Microsoft Press Deutschland, 2002.

Zorn, W. 1997 /Internet-Entwicklung/
Hat Deutschland die Internet-Entwicklung verschlafen?, in: Boden, K.-P., Barabas, M.
(Hrsg.): Internet - von der Technologie zum Wirtschaftsfaktor, München 1997.

Zwißler, S. 2002 /Electronic Commerce/
Electronic Commerce, Electronic Business: Strategische und operative Einordnung, Techniken und Entscheidungshilfen, Berlin-New York 2002.